人间没个安排处：

李煜传

阿九 著

RENJIAN MEIGE ANPAI CHU
LIYUZHUAN

人民交通出版社股份有限公司
China Communications Press Co.,Ltd.

图书在版编目（CIP）数据

人间没个安排处：李煜传/阿九著. —北京：人
民交通出版社股份有限公司，2018.6
ISBN 978-7-114-14567-4

Ⅰ. ①人… Ⅱ. ①阿… Ⅲ. ①李煜（937－978）—传
记 Ⅳ. ①K827＝432

中国版本图书馆 CIP 数据核字（2018）第 032976 号

书　　　名	：	人间没个安排处：李煜传
著 作 者	：	阿 九
监　　制	：	邵 江
策　　划	：	童 亮
责任编辑	：	刘楚馨
文字编辑	：	闪玉薇
责任校对	：	刘 芹
责任印制	：	张 凯
营　　销	：	吴 迪 杨 帆 陈力维 李梦霁
出　　版	：	人民交通出版社股份有限公司
地　　址	：	（100011）北京市朝阳区安定门外外馆斜街 3 号
网　　址	：	http://www.ccpress.com.cn
销售电话	：	(010)59636983
总 经 销	：	北京有容书邦文化传媒有限公司
经　　销	：	各地新华书店
印　　刷	：	北京盛通印刷股份有限公司
开　　本	：	880×1230　1/32
印　　张	：	8.5
字　　数	：	190 千
版　　次	：	2018 年 6 月　第 1 版
印　　次	：	2019 年 8 月　第 2 次印刷
书　　号	：	ISBN 978-7-114-14567-4
定　　价	：	39.80 元

（有印刷、装订质量问题的图书由本公司负责调换）

目录
contents

第一卷：作个词人真绝代，可怜生在帝王家

人事有代谢，往来成古今

李煜，一个烟雨江南里如丁香一般的男子，浪漫细腻、惆怅忧郁。从一出生，就仿佛是被上帝选中的幸运儿，目带重瞳、金贵万千。他是一个成功的词人，一张口便是"剪不断，理还乱"的别样离愁。

作为被镶嵌着悲剧烙印的主人公，他曾是帝王，是个失败的帝王，可正因为做帝王的失败，才成就了后来词人的成功。被俘前的帝王生活，活色生香、儿女情长；被俘后的臣虏生活，哀怨愤懑、门庭冷落。过往种种，就如同两个截然不同的人生，如此命运波折大起大落，仿佛一夜之间成熟。当年的风流才俊，以肉眼可见的速度迅速成熟，岁月如刀，刀刀催人老。

却也是"国家不幸诗家幸"。

公元978年，太平兴国三年七夕这一天，李后主留下了千古绝唱的诗词，被迫结束了这短暂而又令后人唏嘘不已的一生，在赵氏兄弟的安排下，饮毒酒而亡。

而对于南唐后主李煜之死，《宋史》等各正史均未说是被毒死，只记

载为"三年七月，卒，年四十二。废朝三日，赠太师，追封吴王。"

　　无论生前风光无两，还是郁郁不得志，死后即使加官晋爵，也不过为一捧黄土，前尘烟消云散尽。历史大浪淘沙，终是留下了李煜和他一生感慨遂深的情与词。

　　无论史书如何撰写，真正历史的真相永远罩着面纱，像是皮影戏里的婀娜女郎，又像是一具没有血肉的骨架，世人永远看不真切她的真实模样，只能知道冰冷的数字和生硬的骨骼。

　　曾有人说，李煜是被女人所耽误的一代君主，我却不以为然。后人总喜欢，也习惯将一代君主的功与过都和女人联系在一起，披上一层浪漫的外衣，好像这样说来，就能为君王遮盖一下自身的漏洞，而那段惨白的历史，就能浓墨重彩，荡气回肠。

　　叶嘉莹如此评价过李煜："李后主的词是他对生活敏锐而真切的体验，无论是享乐的欢愉，还是悲哀的痛苦，他都全身心地投入其间。我们有的人活过一生，既没有好好地体会过快乐，也没有好好地体验过悲哀，因为他从来没有以全部的心灵感情投注入某一件事，这是人生的遗憾。"

　　他在爱时，可以写出"绣床斜凭娇无那，烂嚼红茸，笑向檀郎唾"般美人娇憨情态的词句。

　　他在愁时，可以写出"问君能有几多愁，恰似一江春水向东流"般哀思之深愁如海的词句。

　　他在哀时，可以写出"最是仓皇辞庙日，教坊尤奏别离歌。垂泪对宫娥"般悲惨哀痛又凄凉的词句。

　　他犹如诗词文学领域的一颗明星，一位天才。就像徐志摩对纳兰性德的评价一样，同样的天才，同样的悲情。他信手的一阕词，就波澜过你我的一个世界。

可以皓月当空星河璀璨，可以白驹入海泯灭银河。

"李重光风流才子，误作人主，至有入宋牵机之恨。其所作之词，一字一珠，非他家所能及也。"

这位悲情的风流才子，才情有多高，命运便有多坎坷。他悲怆，无奈，对现状有种深深的无力感，言语也变得苍白。

而在另一方面，他通书法、工绘画、通音律，尤其诗词成就最高，一阕词就像一张照片、一段录像带，呈现出一个鲜活的李煜。他婉转的爱情，他香艳的故事，他宫廷的生活，他无奈的国恨，他细腻的心思，无一不活生生地呈现出来。

王国维曾评价他的诗词："词至李后主，而眼界始大，感慨遂深，遂变伶工之词而为士大夫之词。"

而他初期的诗词，同样摆脱不了"花间"习气，经年之后却转变很大，其中缘由，必然是他在身份上转变了，从皇家无忧无虑的天潢贵胄，到应该忧国忧民的一国之主，再到亡国后的阶下之臣，他的诗词，皆是他国愁家绪的真实写照。

所以天才，也不总是面面俱到，七窍玲珑。李煜就是这样，优点明显，缺点也明显。

"不抓政治，终于亡国。"

寻着这位悲情帝王的生命脉络和这个国家的发展线，以一个旁观者的角度看当年国破辞庙日，站在南唐灭国后的废墟上，看残阳照孤影，满城苍夷。回望过往种种蛛丝马迹，不难发现，后来的国破家亡辞庙，在曾经的每一天都是有迹可循的。

所以留在历史中的，是他的春花秋月，是他的往事多少，也是他的"一江春水向东流"。

经年已久，万千生前事，相隔千年风霜，铁马冰河，红尘韶华，早已不是当年模样。

都说"江山代有人才出，各领风骚数百年"，南唐的建立，少不了要提起开国帝王——烈祖李昪。在这段历史里，这个产生了两代以词传世的帝王的南唐，在建立之初，烈祖李昪也曾在这乱世之中忍辱负重寄人篱下，多年积蓄一朝勃发。

在唐末、五代及宋初，中原地区之外存在过许多割据政权，其中前蜀、后蜀、吴、南唐、吴越、闽、楚、南汉、南平（荆南）、北汉等十余个割据政权被《新五代史》及后世史学家统称十国。北宋建立后先后统一了尚存的荆南、武平、后蜀、南汉、南唐、吴越、北汉等政权，基本实现了全国的统一。

南唐的前身，便是吴国。而李昪的成功，也不得不提一个人，他就是当时的吴王杨行密。

李昪，字彭奴，徐州人士，幼时丧母，父亲于战乱牺牲，便成了孤儿。自儿时起便流浪于民间，常于泗州、濠州等地带行走，人间的冷暖悲欢早已看尽。因为小时所受的苦难，使他比一般人早慧，更加懂得生存的意义。

也许在破庙或墙角里冻得瑟瑟发抖的时候，他也曾"大逆不道"地想着："若是有一日，能称帝王，我要去江南定居，听说那里水草丰茂，良田繁多，我便要这世间再无流浪，再无饥饿！"

造化总是弄人的，谁能想到这样一个卑微渺小，浑身瘦到只剩下皮包骨的小叫花子，有朝一日真能梦想成真，登上王位？

李昪就是这样饥一顿饱一顿地在破庙里待着。时间长了，庙里的僧人们见他机灵可爱，话不多却很懂事，便收他为庙里的小沙弥。也许后来李氏信佛的缘故就是因此而来。

命运的转机就是从公元 895 年开始的。

收养义子的行为起源于私兵招募制，用以辅佐自己，时称"义儿军"。

在唐末时，收养义子已经成为一种风气。将士们为了壮大自己的队伍，为了扬名立功，都会从民间寻找聪颖的孩子从小培养。这一点，和官家喜欢在家里养谋士、门客或幕僚的目的相似。

当时杨行密率军攻打濠州，于休憩整顿中，在破庙外遇见了李昪。李昪就这么直直地站定在破庙门口，一脸敌意地看着杨行密。对于李昪来说，这个破庙已经是他唯一能勉强称得上是家的地方了。

和李昪的遭遇相似，杨行密幼时也吃过苦，见这个孤弱的小孩眼中似乎盛满星河，很惹人怜爱。他问了李昪几个问题，李昪都对答如流，聪慧得完全不像个流浪儿，杨行密心下一动，将他带回，欲收为义子。

无论目的如何，这无意间的一个举动，却让李昪的生活和命运发生了翻天覆地的变化。不得不感叹，杨行密所发现的李昪的闪光点，每一件事都是有它的相对性的，上天给了你寒冷、痛苦、孤独，同样也会赠予你坚韧、忍耐、敏感与珍惜。

既然是要称王称帝的人，李昪的一生注定是崎岖的、不平凡的，"天将降大任于斯人也，必先苦其心志，劳其筋骨，饿其体肤"，这句话在李昪身上简直就是完整的体现。

李昪自成孤儿之后，就再也没有感受过来自家人的温暖了，更别说是跌落谷底时来自一个陌生人的好意。

古有宋太宗高居朝堂享万福，却心思万民寒风苦，命人带棉衣木炭以救之。雪中送炭对于人来说总是难得的。

若是这个时候，李昪是个官位显赫、锦衣玉食的人，怕是体会不到这样的感动，再多的帮助和关心，也不过是锦上添花。

可惜这种感动却没有延续多久，杨行密的儿子们无法接受半路凭空冒出来的李昪，觉得出身低微的李昪不配做他们的兄弟，处处与之作对。

这也在情理之中，李昪见惯了人情冷暖，对于这些，他理解，想要辞别杨行密，不想成为他们一家人的争端。杨行密却不想这个机灵的小子又被埋没，从此再也没有机会发光，于是找到了部下徐温。

有种人，你给他一丝阳光和水，他便会抓住机会，长成参天大树，而李昪，就是这种人。命运如此，他所经历的每一件事，所说的每一句话，到最后功成名就时联系起来就会发现，一切的历史痕迹都是严丝合缝的。

徐温是个忠厚豪杰，与杨行密是莫逆之交，对于上级杨行密的嘱托，想也没想便答应了。

《新五代史》卷六十二记载："李昪，字正伦，徐州人也。世本微贱，父荣，遇唐末之乱，不知其所终。昪少孤，流寓濠、泗间，杨行密攻濠州，得之，奇其状貌，养以为子。而杨氏诸子不能容，行密以乞徐温，乃冒姓徐氏，名知诰。"

从此，李昪的命运再一次被改写，改名为徐知诰。从那一刻起，他的梦想从活下去，变成了立志不负所望，名扬万方。

而那时候，大概李昪还从没想过自己在若干年后，能够立国称王，享所有现在所不能想。但可以肯定的是，幼时食不果腹、衣不蔽体，以靠说好话求一点残羹剩饭的那段日子，对生存的渴望，对各色人物和人性的透彻观察，无疑是给后来的他奠定了强大的心理基础。

在徐家，他对徐温夫妇尽忠尽孝。徐温夫妇的朝夕起居，徐知诰都面面俱到，细致入微。在流浪中所学会的察言观色和细腻敏感，让他深得徐温夫妇的喜爱。因为苦过，所以他更加懂得珍惜这来之不易的幸福。

他曾写过一首《咏灯》来试探养父徐温有无栽培自己之意，其聪慧由此可见一斑。

一点分明值万金，开时惟怕冷风侵。
主人若也勤挑拨，敢向尊前不尽心。

这首诗一语双关，诗中的开头"一点分明值万金"，字面意义上是说，灯火明亮贵值万金，也就是在说我这个灯火是很有价值的，请求徐温给予提拔。"敢向尊前不尽心"，字面意义上是说，灯芯需要主人勤来挑拨，才能持续明亮，其实是借灯芯来比喻自己，表示主人若也勤挑拨，关注照拂我，我是一定会竭诚以报答的。

措辞婉转得体，比喻精妙贴切。徐温此人，常年于宫中行走，深谙人情世故，当即便知道这首诗所表何意，内心更是对他大加赞赏，从此便有意识地锻炼和重用这个养子。给予同亲子一样的教育甚至更严格的督管，对其文化教育也给予了很大的支持。

当时的李昪，或者说徐知诰，心怀感恩，别无他想，他努力学习，在夹缝中抓住每一缕阳光和每一滴露水，不想让当初给他第二次生命的杨行密和给他第二个家的徐温失望，他要努力去证明自己，要对得起他们的期望和帮助。

却不想徐家的儿子们，也都不能容忍徐知诰，处处排挤、嘲弄他。徐知诰在徐府的处境，一下子变得尴尬起来。但是他没有反抗过那些排挤他的徐温亲儿子们，只是默默地忍受，他不想在这里树敌，只想着，日久见人心，或许这样的排挤和磨难便是新的人生考验。

徐温偶然间得知亲儿子们排挤徐知诰，当即在晚饭时叫上他们到饭厅，直言："徐知诰儿时不易，如今为我养子，待我如亲父更甚，我心甚喜，你们均为我儿，便要和睦相处兄友弟恭，互相帮扶，切不可争抢排挤。"

徐温的这一番话让徐知诰颇为感动，当即下跪磕了个响头以示真心。那晚之后，徐温亲儿子们多有所收敛，可偏偏其中有一子依旧霸道横行处处与徐知诰作对，他便是徐知训。

徐知诰稍大后，徐温便将府中中馈全交给了他打理。他天资聪颖，将府中打理得井井有条，从没让徐温失望过。每每徐温偶然询问银钱去处时，徐知诰都能脱口而出。由此可见，他对于管家之事不仅极为上心，更是对账本每一笔账的来龙去脉熟烂于心。徐温常常赞叹徐知诰："孺子可教！"

而徐温估计没想到，让养子掌府中中馈这一举动，似乎彻底激怒了亲儿子们，特别是徐知训。

明明不过是个被父亲捡回来的乞儿，怎么就获得父亲大加赞赏，难道自己，连个乞儿都比不上？

徐知诰没有理会徐知训的挑衅，自从掌家以来，知道自己有更大的目标要去前行，而不仅仅徐家一隅。

而徐知诰这个野心被放逐的机会，来自徐温一次大病。

老话都说，久病床前无孝子。徐温这一病，更是在床上躺了几月之久，其亲子们皆无人愿在床前服侍守候，只有徐温的妻子王氏与养子徐知诰。

这一次服侍养父徐温的行为，为徐知诰获得了一个很重要的机会——从军。

几月之后，徐温病愈，得知一直是养子和王氏照料自己，内心对亲儿子们寒心之余，更对养子的行为大为感动，心中久久不能平静。他没想到，自己无意间得来的养子，不仅聪慧有余，对待自己更是比亲儿子更加细心更加孝顺，如此贤儿，实属难得。

他开始思考，自己的亲子们都无徐知诰的才干和学识是否应该给徐知诰更多的机会，让他传徐氏之姓，来带领徐家。

于是，徐温至书杨行密，夸赞徐知诰聪慧敏捷、勤劳孝顺，更拥有真才实干。

杨行密之于徐知诰，便是伯乐之于千里马，千里马常有而伯乐不常有。遇见杨行密，是徐知诰的幸运。

杨行密接到信看完后颇为高兴，同时也感叹，如此良才，必定前途无量，当即回书一封："知诰俊杰，诸将子皆不逮也！"

徐温眼看着这个养子如此能干，收到杨行密的回复后，便生出让他随自己入军营锻炼磨砺的想法，开始对徐知诰严加管理，教他用兵之计，御敌之术。

于是不久，徐知诰便跟随徐温投身军营，徐温外出征战，身边始终跟着徐知诰。这似乎打开了徐知诰的新世界，在军营里，他的身份没人提起，他的才华得以施展，他的野心也开始被唤起。

相对于温室中长大的徐温儿子们，他身上适合军营的闪光点简直太多了。他不怕吃苦，他努力上进，他察言观色，相较于那些高门子弟或是衣食无忧的公子少爷，他的存在，他的智慧，似乎天生就是个战者。

在他心里的军营，和如今在我们心里的高考，大概相似无二吧？冷酷无情但是却绝对公平，选贤举才，让他忘记了在徐家所受的排挤。

而徐温经过几年的征战，官职越来越高。徐知诰跟随其后也立功不断，再加上他文武双全，器宇不凡，在流浪时所积累的性情，让他在军中赢得极好的口碑，很快与将士打成一片。

与此同时，徐温亲子徐知训，却骄纵狂傲目中无人，全然没有徐温当年的作风。不仅如此，他还几次使计刺杀徐知诰，徐知诰皆侥幸逃脱。有一次，徐知训诱杀徐知诰，在厅中设下埋伏，徐知诰不知，幸而同坐的徐知谏良心未泯，悄悄地提醒了徐知诰，这才躲过一劫。

人生总是一波三折的徐知诰，被徐知训的诱杀之计弄得对整个徐家都心灰意冷。自从当年触碰到了军队、兵权，他开始有了更大的想法，尝过了成功的喜悦终于开始释放自己的野心，就像漆黑的夜空被拉开了一个口子，里面是漫无边际的欲望。

天佑十六年，公元 919 年，杨隆演即吴国王位，改元武义，与唐朝彻底断绝关系，朝中大权落入徐温父子手中。

在此期间，徐知诰在其岗位上成绩显赫，受到多方夸赞。这样耀眼的养子，各方面的评价都比自己的亲儿子要出色，军民上下有口皆碑，徐温就像是一个害怕功高盖主的君王一样，开始忌惮和思考，留这样一个能威胁到徐家的人在身边，自己是不是在养虎遗患？

已经年近花甲的徐温经历过多少大风大浪和尔虞我诈，各种阴诡之私见过了不知道多少，对世事看得比一般人都要透彻，同时他也深知，权力诱惑力有多大，他见过了太多为了权力骨肉相残的事情，更何况，他们是人心隔肚皮的养父子关系。

徐温面上不显，却暗自里悄悄地改变了对徐知诰的看法，他开始压制和排挤徐知诰这个养子。一方面利用徐知诰的才能屡立奇功平步青云，一方面又开始提拔自己的亲儿子们，以牵制和打压养子徐知诰，怕他怀有异心，心生反骨，又将他调到偏远地方。

可如今的徐知诰早已从当年一株需要依附在大树身上才能成长的藤

蔓，变成了一棵独立的、能够自给自足的参天大树，心有城府，自然是不愿意受制于人。

徐知诰这类人，除非掐灭其一切养分来源让他死亡，否则，他会抓住一切成长的机会，为自己谋算。

从徐知诰被调往偏远地方的那一刻起，对徐温仅存的感恩之心，也一同被消耗殆尽。

他不再隐藏内心疯狂滋长的欲望和野心——只有更强，才能手握主宰，才能出人头地，才能掌控自己的命运。

他也曾想过，自己是否太过忘恩负义，可是如今的局面，容不得他有一丝的心软，他越发地坚定内心的欲望——或许自立门户，才是最好的结果。

自立门户？是哪种自立门户？

触碰过权力的人啊，食髓知味，都忘不掉那种感觉。

后杨隆演去世，位极人臣的徐温拥丹阳郡公杨溥为吴国王，改元顺义。

顺义七年，公元 927 年，杨溥即皇帝位，封徐知诰为齐王，手握重权。

而此时的徐知诰，羽翼渐丰，因为从小吃过苦的经历，生活尤其简朴，对待将领和手下都很尊重，甚得军心，各方面比起徐温骄纵的亲儿子徐知训。徐温心有余悸，却奈何年事已高，一边恨自己的儿子徐知训行事鲁莽，好逸恶劳，一边又只好眼睁睁地看着自己亲手喂养大的狼崽子开始不受掌控。

徐知诰的野心膨胀到了极致，他终于知道，权力的滋味，也终于看清，自己的欲望终点究竟在哪。

或许徐温在此之前从未想过，徐知诰的野心，是那个宝座。暮年之时的徐温也曾反思过，人这一生啊，都会犯许多错，或大或小，而徐温这一生里，犯了一个最大的错，那便是收养了义子徐知诰。这个错误太重要了，以至于他出现以后，徐温人生里的其他错误都变得不值一提。

公元937年，发生了两件大事。

七月七日，在一个浪漫且多情，少女怀春，文人骚客竞相赋诗的日子里，一代千古风雅且悲情的帝王，徐知诰的孙儿，南唐历史上的第三位国主，李煜出生了。

说起李煜，生也七夕死也七夕，如今想来不免令人唏嘘，算来一梦浮生，梦里不知身是客，打马走过，肆意春秋，无限江山，一晌贪欢。

几多欢乐，几多情愁，爱恨与离别，在这样一个特殊的日子里一一上演着，万家灯火里，漫天烟火下，李煜的出生，犹如一颗流星划过，璀璨于星空然后坠入李家。

欧阳修《新五代史》对于李煜的出生也仅只记载一句"丰额骈齿，一目重瞳子。"

一目重瞳子，历史中真正号称有重瞳的仅有四人，仓颉、虞舜、项羽，最后一个，便是李煜了。

李煜出生时，正值其祖父徐知诰筹划登基之时。徐知诰大喜，认为天降麟儿，目带重瞳，是为祥瑞之兆。于是有传说，李煜出生的那一天，霞光满天，龙腾于顶，经久不离，大有帝王之相。

古时人们总爱为未知之谜披上神秘或神圣的面纱，甚至顶礼膜拜，故有传说：生有重瞳者，身份无上尊贵，是天生带着帝王之眼的圣人。当旧事跌落历史长河，跌跌宕宕真真假假多已无从考证，但在当时不难想象，对于重瞳的李煜的出生，众人会有多瞩目，从出生的那一刻，李煜的历史责任，似乎早已被确立好。

可怜生在帝王家！

不知道那双神秘的帝王之眼自他出生之日起，有没有看到自己人生之路的方向，有没有看到黄袍加身？有没有看到"天教心愿与身违"？又有没有看到最后的"国破辞庙日"？

命运总是反复无常，命里有时终须有。

另一件大事，在李煜出生的同年，吴国亡而南唐建立，徐知诰走向了王位，代吴称帝建国，定都金陵，国号"齐"。

据说李昪当政以后，极力招揽优待文人，大量搜集文献图书，在民间也大肆兴办教坊，为贫困的孩子予以支持和照顾。这样的行为得益于当年徐温对他的文化培养，也为后来南唐成为经、史、子、集各种图书以及古今名画都非常集中、完备的文献宝地打下了坚实的基础。

不得不说，在礼乐崩坏的五代，李昪却初步开启了一个儒家文化兴盛于南唐的局面，而这对他的儿孙，李璟和李煜无疑产生了深远影响。

五代十国是个极为混乱的时期，上有暴君，下有酷吏，再加上常年战争征赋不断，在历史的记录者看来，这就是最坏的时代。所以欧阳修在他写的《新五代史》里常用"呜呼"开头，并不是装腔作势，而是看透了这个天下的混乱、肮脏、丑陋和不堪，看得太清楚，所以感叹国不像国，国将不国，"呜呼哀哉"！

可正所谓时势造英雄，乱世之下必有勇夫。在同命运的这场博弈豪赌中，李昇终于胜利，于烽火狼烟中脱颖而出，从此直上青云。

果然是梦里的江南啊，水草丰茂、良田繁多。而最受疼爱的孙儿李煜一跃成为集万千宠爱为一身的皇室子孙。其寓意"帝王之眼"的重瞳，似乎从一开始就昭示着李煜这一生注定要经历帝王之位，掌管南唐的山河。

李昇登基称帝，让徐家的后人们人人自危，毕竟当年自己并没有以兄弟之礼、亲人之仪对待李昇。

他们上书陈情，请求烈祖回复本姓，以规避将来有可能的无妄之灾，烈祖岂能不知其意？但也没有过多追责，当年自己能改头换面平步青云，还是要感谢徐温的。

经年，徐知诰恢复本名，改为李昇，并宣称自己乃唐宪宗之子建王李恪的四世孙，改国号为唐，也就是历史上的南唐。

是与不是，没有人问，也没有人说得清，但这个由头已经足够堵住天下悠悠众口了。

在这乱世之中，朝代更替，南唐终于登上了历史的舞台。然而谁又会知道，这个政权将会掀起什么样的狂风巨浪？李氏家族又将在南唐历史上画上怎样的浓墨重彩？

我心本向风，奈何身在笼

李璟《山花子》

手卷真珠上玉钩，依前春恨锁重楼。

风里落花谁是主？思悠悠。

青鸟不传云外信，丁香空结雨中愁。

回首绿波三楚暮，接天流。

李昪在位七年，身为国君，自然知道，征战不是长久之事，战争的负能量太大了，为保边境安宁居民安乐，他遂与邻国休兵停战，睦邻友好，与当时的契丹交好，发展内政，不论是制造业还是商业均有不小成绩。

契丹与南唐，在某一方面达成共识，契丹对中原的政策和南唐对于中原的意图不谋而合。两国交好，以牵制中原。

就这样平和地过了几年。公元 943 年，也就是升元七年，皇帝李昪驾崩，李璟即位，年号保大。

李璟的即位既意外又在意料之中。意外的是这样一位酷爱诗词经文的皇子如何能治理好一个国家？居然被钦点坐上王位。意料之中的是这个李昪三年前就立下的太子，身上就流着烈祖李昪同样的血液，即位也是顺理成章的事情。

事实是怎样，谁又说得清呢？

即位后的李璟，谨记父亲李昇的训诫，没有忘记那些还没有被册封的皇兄皇弟，都一一给予了封号。

如此行为，不过是烈祖高瞻远瞩。南唐建立之初根基未稳，若是外战刚休，内战就不断，手足兄弟争权夺势，只会让南唐刚刚建立起来的繁荣顷刻倒塌。

李璟这个皇帝和其父李昇不同，更好诗词文化。儿子李煜从小便耳濡目染，孩童时便能背诗吟词，再加上身怀异象，深得父皇李璟的喜爱。

儿时的李煜，被母亲教养着，难免沾染不少柔弱之气，性情醇和软弱，再加上喜吟诗词，如此一来，更显阴柔，又因其目带重瞳，这样的一个李煜，在当时的几个皇子中，显得尤为不同。

又或许是李煜的母亲从未教过他争权夺势，也从未妄想过有朝一日能王冠加身，荣登大位。对李煜的养育栽培，始终以让他自己开心为第一位，随心所欲，远离深宫里的尔虞我诈，只求他日后做个富贵闲人便好。

王国维称其：“词人者，不失其赤子之心者也。故生于深宫之中，长于妇人之手是后主为人君所短处，亦即为词人所长处。”

不得不说，这样的教育方式，对于李煜的性情养成，有着极大的影响，更直接影响了后来李煜在文献太子的皇储之争中的态度。

而父皇李璟，在南唐鼎盛时期安稳地过了一段时间，却又不想做个闲散皇帝，于是在即位几年后便开始对外征战灭楚闽二国他似乎是想证明些什么，或者说是想在百年之后留下些什么，在史官的笔下留下大段的篇幅，总归是不想成为一个庸碌之辈，被历史一笔带过，作为一个帝王，站在权力的制高点，总要做些什么，才不枉一声"吾皇圣明"。

保大二年，公元944年，南唐年出征闽国，这一场仗打了三年，才灭了闽国。

南唐虽灭闽国，但并未完全统治闽地，残余势力仍在。李璟灭闽国后想撤兵，而当时的部下枢密使陈觉，副使查文徽等都说："李仁达等余孽还在，不如乘胜全部攻取。"后又花了三年，费时费力地清除了闽国残余。

这一战，将李昪在建立南唐之初所积累下来的财力和物力消耗了大半，不得不增加赋税。

伐闽之战，南唐元气大伤。

保大五年，公元947年，李璟封其弟李景遂为皇太弟，李景达为元帅、齐王；封长子南昌王李弘冀为副元帅、燕王。时契丹派使来访，兵部尚书贾潭回访。

保大九年，公元951年，南楚发生内乱，马希萼与马希崇兵戎相见，11月，李璟趁机派遣将领边镐率军进入南楚，南楚末主马希崇率家族投降，南楚亡。

灭闽楚二国后，南唐得到疆土史上最大的版图，也成为十国中版图最大的政权。

初尝战果滋味的李璟开始有些自负，也算是证明了自己并非庸碌之辈，在史官的笔下也算是争取得了"一亩三分地"。面对先帝李昪的牌位，他也能挺起脊梁叫一声父皇了。但他没忘记兄弟手足的功劳，同年立李景遂为皇太弟。

　　阶段性的战争取得了胜利，也取得了一段时间的安定，李璟开始安于现状。他没有他父皇烈祖那么大的野心和能力，当初灭掉闽楚二国时所带来的激情和喜悦逐渐被时间所冲淡，很快沉溺在暂时的安逸之中，无法自拔。

　　或许他生来就是个词人，而不是个君主。

　　那段时间是南唐国力最鼎盛的时期，可也由于奢淫无度，根基未稳，呈现政绩平平。国主是个庸碌之人，在朝政方面抱着和稀泥的态度，得过且过，又醉心于诗词书法，以至于南唐的文化已经达到一个鼎盛的高度。在举国重文的氛围下，坐在龙椅上的李璟已经隐隐发现了弊端，可是奢淫的生活就像一片沼泽，深陷其中无从逃出且越陷越深。

　　长子李弘冀与父亲李璟的中庸奢靡不同，为人严苛且有大将之风，胆略、决断、勇毅。这些父亲没有的心性，仿佛这个大儿子都弥补了。如此良儿，内心却自负。保大五年，皇叔被封皇太弟，授权干政之事，他开始忌惮可能威胁到他日后登上皇位的人。六个兄弟，如今只剩下他和李煜，于是这个有"帝王之眼"的弟弟李煜，便被他惦记上了。

　　李煜初时并不知自己已为人眼中钉。在重诗词书法的父亲李璟影响下，李煜从小耳濡目染，寄情诗词，聪颖过人且造诣颇深，深受父亲李璟喜爱，如此一来，树大招风，皇兄李弘冀便处处针对。

　　李煜曾在十三岁那年元月，与父皇李璟，召朝中大臣设宴于宫中，吟诗作对，书画作乐，好不快活。

　　李煜正值懵懂，坐在皇位下方，看形形色色的大臣觥筹交错，虚与委蛇，看着年近半百的臣民向自己谄媚问好，窈窕宫娥对自己三顾回头，而自己的父皇，就这么坐在上方，面色清冷地端着酒杯，不知道在思索着什么。

宴会过半，父皇意兴阑珊，题了一首词，多年后李煜还是记得。这首词就是《望远行》。

碧砌花光锦绣明，朱扉长日镇长扃。

余寒不断梦难成，炉香烟冷自亭亭。

辽阳月，秣陵砧，不传消息但传情。

黄金窗下忽然惊，征人归日二毛生。

这首怀人词让他忽然生出一股莫名的忧愁，大好的春光里，闺中人却无心欣赏，闭门不出，可见相思至极，连梦中一见也难成。愁苦又一层，月下砧声阵阵，外出征战的人还无音讯，归期未有期，明月照离人，思妇心憔悴，何时团圆归？

唐朝诗人高适，曾在《燕歌行》里写道："少妇城南欲断肠，征人蓟北空回首。"虽然相互挂念，略感慰藉，但毕竟空闺独守，总是难熬。等到征人归日，彼此都已头发斑白，大好的青春年华虚度，怎不叫人悲叹！

而李煜似乎也从诗中明白了什么。他不懂政事，不思国情，却也猜测出国家出现了颓然衰败之势。征人不知归期，下至民间上至朝堂却还是一片繁华，隐藏着腐败的苗头。父皇亲文臣，重视思想文化已导致了国家出现重要疏漏。在位之人却没有了当初身担重则、思国忧民的一腔热血。

"南唐五鬼"在李璟的庇护和宠幸下，在朝堂之上为非作歹。如今弊端已经出现，只是当事人还未发觉。

他为讨好父皇，也赋诗一首，虽无关政事，却也对皇帝宽慰不少。这个六儿子，太像自己了，无论是性格脾性，还是文学造诣，若是生在平凡之家，也是个青年才俊，但又转念一想，身怀帝王之眼的人，哪里会是平庸之辈？

命运无常啊，深宫的围墙，似乎聆听了太多的泪水忧愁和祷告，也见证了无数朝代更替和世事变迁，皇位上的人在变，皇位下的人也在变，唯一不变的就是这弱肉强食的世界。权力和皇位的影响力，驱使着多少人前赴后继地飞蛾扑火。

自古皇家便无情，多得是亲人相残、手足相争。性情醇和的李煜，无论如何也接受不了与唯一的兄弟互相残害，尔虞我诈。面对皇长兄的敌意，他只好避其锋芒，整日与诗词做伴，以示无心于皇权。

当时的李煜，还真是对权力和皇位没有半分觊觎，只想泼墨山水，寄情诗词，做个富贵闲人。而皇位便是他理想生活的绊脚石，一边是拘束且高处不胜寒的皇位，另一边是广阔且浪漫自由的平凡生活，他害怕被命运绊住脚，拼命地寄情诗词向世人表白，吾心已决，志不在此！

于是，就这样在长时间挣扎与躲避的生活中，《渔父两首》创作了出来。

浪花有意千重雪，桃李无言一队春。
一壶酒，一竿纶，世上如侬有几人？

一棹春风一叶舟，一纶茧缕一轻钩。
花满渚，酒满瓯，万顷波中得自由。

历史上词的发展中，最早写《渔父》的是唐代张志和。而李煜这首词与他这个时期的心境是极为匹配，同样也是继承了张志和的"渔父风格"以表达追求逍遥自在生活的心愿。不同的是，透过李煜的词，联系他的生活环境，我们看到了他将一颗心，满口苦，皆揉碎了掰开来融进了一笔一画，字里行间。

浪花似乎有意翻滚如千万重雪花，像是在欢迎我，路边的桃李花开，如同列队一般排列着，用无言的声音告诉世人，春的到来。

不过一壶酒一叶舟，如此惬意，这世上如我一般自在快活的人又有几个呢？

"世上如侬有几人？"

这样的反问句，颇有"竹杖芒鞋轻胜马，一蓑烟雨任平生"的淡然与潇洒，也是对他所描绘的生活的最大向往。能得如此快活，甘做平凡又如何？

前后两阕词都着重写渔父的快活自由。宋代欧阳修晚年自号六一居士，自称藏书一万卷，集录金石遗文一千卷，有琴一张，有棋一局，置酒一壶，加上他一个老翁，陶醉期间怡然自乐。李煜词中的"一叶舟，一支桨，一纶丝，一只钩，一壶酒，一个渔翁"，也无不描写出渔父一人的悠然自由一身轻，在碧波之上，万籁俱静间，偶有虫鸟争鸣飞过，一片静谧自由，何等潇洒自在。

整首词与柳宗元的《江雪》一诗中"千山鸟飞绝，万径人踪灭。孤舟蓑笠翁，独钓寒江雪"的垂钓意境有异曲同工之妙。时而举起一根丝线，放下一只轻钩；时而举起酒壶，独自一人怡然自得。

据宋刘首醇《五代名画补遗》记载，李煜这两首词是题画词，原画名《春江钓叟图》。宋郭若虚的《图书见闻志》里也提曰："江南后主李煜，才识清赡，书画兼精。尝观所画林石、飞鸟，远过常流，高出意外"。

这两首词中令人向往的悠然画境之感，配合原画，相得益彰，意境倍增。可惜原画已失传，真是一件憾事。

不过这首词里，想表达的意思也不单单只是自由的意境，还有希望皇兄和众人能看到他志不在朝堂的决心。

然而即使以词明志，可惜生在帝王家，他皇子的身份注定不能像平民一样撒泼打诨，能允许他做出多么激烈的反抗？他只能自号钟隐，莲峰居士，白莲居士，钟山隐士，重光，都取佛家寓意。他画画写字弹琴写诗，挣扎着躲避现实，全身心地投入到诗词歌赋中，以寻找平和内心的归属感，寄托自由的精神。

那个时候，他已深刻地体会到，身在皇家，亲情与手足是多么难得的东西。一方面是大皇兄的针锋相对处处猜忌，一方面是自己处处避让，以为忍让换长久的安宁，希望自己的心意被皇兄理解。

说起李弘冀，相较于弟弟李煜，在以国家层面上来看，确实要更适合做皇帝。

史书记载当时李弘冀和李煜的关系时，有一句："文献太子恶有其表，从嘉（李煜）避祸，惟覃思经籍"。

李煜还是太单纯了。权力的滋味，并不是每个人都可以阻挡的，诱惑太大。如若不然，当初烈祖李昪怎么会野心越来越大？权力就代表至高无上的荣耀，代表名垂青史被后人景仰。而王位就等于权力，普天之下莫非王土，只要接近过权力中心的人，这样的诱惑力足以使人忘记人伦，前赴后继为它而战。

可是高权益也伴随着高风险、大责任，没有一本万利的事情，站得越高，摔得也会越狠，名垂青史的另一面是遗臭万年。你所处的位置决定了你需要担负的历史责任。李煜看清了，从来都志不在此。

可惜有句话叫作"身怀宝藏，身边总有饿狼。"

也许是父皇的赞许让李煜太过扎眼，皇长兄李弘冀依旧对他怀有敌意。

在这种苦苦挣扎的生活中活了十八岁，心境愈发痛苦，而此时，李煜却在深渊里遇见了最明亮的阳光——周宪。

徐志摩在面对爱情时曾说："一生至少该有一次，为了某个人而忘记自己，不求有结果，不求同行，甚至不求你爱我，只求在我最美的年华里，遇到你。"

周娥皇于李煜来说，就是这样最美的遇见。他们幸运的是，遇见之后，有了爱情，有了结果，也有了此生同行的时光，又在他们最好的年华里。

这样的相遇，在李煜心里，就像是久别重逢一般，心里某个地方有个声音呢喃着，所谓倾城佳人便是如此了。

娥皇是南唐一代元勋司徒周宗的长女。公元 953 年，她奉旨进宫，为国君李璟弹奏琵琶。

周娥皇通书史，善歌舞。然而所有的背景，都不如她活生生的人耀眼。她出身名门，却没有小女儿家的扭捏之态，一颦一笑都夺人眼目。她是父亲的掌上明珠，气度清华，有着江南烟雨的温婉动人，也有着塞北风光的婀娜明艳。

这样的一个女子，在深深的宫墙里，就如一朵明丽的向日葵，带来的不只是一抹亮丽的色彩，更像一缕明亮的阳光，洒进李煜的心，驱散了他不如意生活里的阴霾。

可能很多年后，李煜都忘不了与周娥皇的相遇。也许只是一次擦肩的距离，身后跟着无数的宫娥婢女，人群之中。不过一段路的距离，他频频回首，裙摆纷飞，微风裹着花香袭来，吹得李煜心绪微乱，徒生起许多莫名的情愫。

"芙蓉不及美人妆，水殿风来珠翠香。"

他也曾见过许多女子，碍于自己皇子的身份，女子们大多都扭捏着却又"犹抱琵琶半遮面"般地看他一眼。

却终于发现了一株向阳花。

而周宪呢？

说起娥皇周宪，总会与那首著名的五代时已失传的《霓裳羽衣曲》联系在一起，周娥皇不是此曲创作者，却是改编和发扬者。传闻她精通音律，造诣极高，善于歌舞，聪慧雅静，且生得花容月貌气质高雅，由于常年跳舞，腰肢纤细盈盈不堪一握，谈吐举止间自有一股大家风范。便是与李煜站在一起也不输一二。他们堪称天作之合。

在过往的十八年里娥皇也曾在闺房里悄悄地猜测，自己的夫君会是什么样的人？他也许有着伟岸的身姿，也许有着坚毅的目光，也许有着高高在上的爵位。但那时候的她，还没敢妄想过，他会是哪个皇子皇孙。

初遇李煜时，她每一个眼尾的余光里都是他的身影，俊逸非凡，面如冠玉。

可惜古代男女授受不亲，自此一面，再无后续。娥皇再无他想。可李煜却不一样，身份决定了他的想法都可能去实现。

果然，公元 954 年，南唐最鼎盛的时期，李煜与周娥皇成婚了。

说起他们的结合，缘起于周娥皇高超的琵琶琴艺。她奉旨入宫，演奏琵琶。李璟听了周娥皇弹奏的琵琶后，惊为天上曲，世间难得几回闻，大加赞叹，当即就将他收藏的一把上好琵琶赏给了她。"元宗叹其工，以烧槽琵琶赐之"。"烧槽琵琶"是中主李璟最钟爱的宝物之一。

李璟对于周娥皇的赞赏，不只于弹奏琵琶的技艺，还着实欣赏她本人，并亲自拍板，给最心爱的六子李煜牵红线，将周娥皇赐给了他。

当时李煜还不知道这个被父皇大加赞赏的女子就是那日惊鸿一瞥的妙人儿。

直到洞房花烛夜，挑开盖头的那一刻，李煜欣喜若狂，暗想金玉良缘莫过如此！

届笑春桃兮，云堆翠髻；唇绽樱颗兮，榴齿含香。

仿佛世间所有美好的词句都衬不上眼前的娥皇，任何传世的妙语都不及娥皇的丝毫。得此佳人，三生有幸！

娥皇也认出了眼前的少年郎，丰神俊朗，神骨秀异，骈齿重瞳，身份高贵，却又不像一般皇子那样飞扬跋扈，金贵傲骄，相反平易近人，温文尔雅，自成一股高贵书卷之气，很不一般。

这位周娥皇也很不一般，没有扭捏之气，只是略有稚气未脱的娇羞，两人相顾无言，默默无语，却又眼神交融。娥皇微仰着头看向李煜，那红透的耳根，却叫李煜心头一软，只轻轻握起娥皇涂着蔻丹柔弱无骨的双手，纵使平常出口成章，此刻却也脑中一片空白，千言万语，有口说不出，直到红烛燃尽，才抱住娥皇。

"见汝，心生欢喜。"

那一年，李煜十八岁，周娥皇十九岁。自从那日惊鸿一瞥，眉宇之间便是你，从此之后，一缕青丝是你，一片芳华是你，一汪泉眼是你，一篇诗赋也是你。

有美一人兮，见之不忘。

一日不见兮，思之如狂。

他们的婚后生活，也是活色生香。

十八九岁的芳年华月，正是情窦初开的时候，周娥皇正值妙龄，常于庭院中伴着丈夫李煜的琴声翩然起舞。这样美好的场景大概没有哪个少年不会动心吧？何况是李煜这样多情的少年，面对周娥皇这般绝妙的人儿，自然是将她深深地放进了心中。

李璟爱好文学，常与冯延巳、魏岑等宠臣大摆诗宴，儿子李煜的诗词修养，就是从小在父皇李璟耳濡目染下，逐渐深陷在诗词的浪漫情怀里。

生性聪慧的李煜，偶尔也会被允许进入宴会，吟诗同乐。不仅如此，李煜还擅长书法，多以颤笔行文，线条遒劲，有如寒松霜竹，自成一家，世称"金错刀"；对画画，"林木飞鸟，远过常流，高出意外"，在音律方面，曾创作了当时脍炙人口的《念家山》等，"宫中民间日夜奏之，未及两月，传满江南"，他在艺术方面可以说是全面发展。

周娥皇也是琴棋书画诗词歌赋无一不精，真真正正的大家闺秀。在那段躲避锋芒的日子里，心思细腻的娥皇总能在李煜心绪混沌的时候温柔抚慰。寂寄深宫之中，李煜再也不是孤身一人，夜不能寐。他们志趣相投，爱好统一。

传言，李煜为娥皇淘尽天下曲谱。

传言，娥皇为李煜谱曲编舞茶饭不思。

传言，二人常于宫中琴瑟之音和鸣，数日不出。

他们在晴天里弹琴跳舞，在雨天里吟诗作画。

得遇娥皇周宪，难道是冥冥之中的缘分？

甚至在娥皇回家探亲时，李煜都思念不已，一日不见如隔三秋。

而朝中，开始爆发了皇储之争。李弘冀对李煜更加忌惮了起来。李煜为了安抚皇长兄，以示自己并无争夺皇位之心，两耳不闻窗外事，一心只为娥皇倾，以剖心明志换长久安宁，并创作了大量作品。

《长相思》
云一涡，玉一梭，澹澹衫儿薄薄罗。轻颦双黛螺。
秋风多，雨相和，帘外芭蕉三两窠。夜长人奈何！

一束盘起的发髻，一根玉簪插在其上，清淡颜色的上衣配上轻盈的罗裙，不知为何轻轻皱起眉头。独自站在窗边，风声和雨声交杂在一起，窗外的芭蕉也是三三两两的，这漫漫的寂寥长夜叫人怎么办才好！

"短相思兮无穷极"，即使是暂时的别离，也令李煜心怀愁思不知如何是好，寂寞长夜更是无心入眠，闭上眼都是佳人的绰约风姿。

一重又一重，重重叠叠的山仿佛阻挡住了寄托给娥皇的思念的信。

山是那么远，天是那么高，烟云水气又冷又寒，像李煜现在的处境一样。见山是思念，见水是思念，独自一人守着这清冷的小苑，李煜的思念像秋天的红叶一般热烈又繁多。

日子一天天过去。塞北的大雁在高空振翅南飞，思念的人却还没有回来，徒留李煜一人面对月光寄托相思。这七尺男儿，也像思妇一般盼着爱人归还。

悠悠明月照在帘子上随风飘着，是否能带着我对你的思念，照进你的心里呢？

小别胜新婚，知道你会回来，却不知道你到底哪一天回来，内心装满了情思独自煎熬着，等待着，盼望着，就像思妇期盼着远归的丈夫。往日的甜蜜被暂且压制，只有满心的思念和爱意急需佳人的抚慰。

这首词中所写的相思就像是飞扬的少年独自等待着心爱的姑娘回到身边一样，青春灵动，又教人仿若身临其境地害上相思。

《长相思》词中句句都体现了皇宫生活中男女情爱之愁。王国维在《人间词话》里描述李煜"生于深宫之中，长于妇人之手"，作为南唐皇子，生活在奢华的宫廷之中，并没有过多的忧心事。他经常去关注宫廷之中男女之间的情感，并细细体会，并以此为素材吟诗作词，宫中每日生活的悠闲奢侈可见一斑。

好景不长，保大十三年，公元955年，后周柴荣亲征南唐，南唐败。

次年，周国侵入淮南，李弘冀带兵奋勇抗争，后班师回朝被封为太子。

第三年，后周国主亲征滁州，这几年被美食美酒和下人们一路高歌赞颂过来的李璟，显然已经毫无招架之力，节节败退。

而这个曾是十国之中版图最大的南唐，被李氏打拼支撑了三十九年的政权，在最鼎盛时疆土广达三十五州，文化繁荣，民富国强，由于频繁征战，导致边境动荡。战争，无论放在过去还是现在，都会让国力衰败，经济倒退，死伤无数，民不聊生。

这样的结果无疑是给了南唐和李璟一记响亮的耳光，李璟被打醒了，可又无可奈何。接连的失败，民心涣散，众将士或死或叛，李璟已经到了穷途末路。他内心已经了然，再多的抗争已经无效了，犹如螳臂当车，只是白白牺牲将士们的性命。为保南唐不会葬送在自己手上，让自己还有一丝颜面于百年之后面见先祖，他选择了一条犹如死缓般的道路，向后周俯首称臣，苟活于周国鼻息之下。

一钩初月临妆镜，蝉鬓凤钗慵不整。
重帘静，层楼迥，惆怅落花风不定。
柳堤芳草径，梦断辘轳金井。
昨夜更阑酒醒，春愁过却病。

深陷国家愁苦之中的李璟，写下了这首《应天长》，以重帘层楼里的思妇思念丈夫，忧伤分别的春愁，表达了对当时南唐深受后周威胁，处境多艰，就连行动和言语也有颇多忌讳景况的感受。在这样水深火热的环境里，中主李璟对人生有深刻又痛苦的体会。刚即位时，南唐形势一片大好，百姓国泰民安，却在转眼之间，被自己亲手破坏，只剩下割让，卑躬屈膝，尊严尽失地苟活着。

这首词之所以为人称道，甚至被误认为是南唐李后主之作，或是冯延巳之词，是因为这词中春愁之情绪的描写，借思妇之仇，暗喻国家之愁，扣人心扉，这样的文笔，是以冯延巳擅长，被误会也在所难免。

在这场战争里，李璟取消帝号，改名李景，以避讳周世祖郭璟的名讳，他进献金银绫罗，割让奉送江北地区，与周以长江为界。

从此开始，南唐变成了后周的附属国，而李璟从国君变为国主，他曾亲手将南唐带到云端，又亲手将南唐送入泥沼，不过几年光景，心理落差，可想而知。

可是他没想到的是，自从他开始后退，开始决定乖乖地做一个顺民，南唐的气数就已经去了一大半。又或者，李璟早已看到这个后果，可是别无选择。

弱肉强食，成王败寇，这是亘古不变的道理。

元气大伤的南唐开始蛰伏，李璟的一腔愤懑无处发泄，于是有了《摊破浣溪沙·菡萏香销翠叶残》这首脍炙人口的传世佳作。

菡萏香销翠叶残，西风愁起绿波间。还与韶光共憔悴，不堪看。
细雨梦回鸡塞远，小楼吹彻玉笙寒。多少泪珠何限恨，倚栏杆。

荷花落尽，香气消散，荷叶也凋零了，深秋的西风浮动着绿水，使人愁绪满怀。美好的人生与韶华一起不断地消逝，不忍去看。细雨绵绵，梦里塞外风沙远，醒来寒笙的呜咽之声回荡在小楼中，思起故人旧事，满含眼泪地倚着栏杆，心怀无限愤懑。

《人间词话》中评价，"南唐中主词'菡萏香销翠叶残，西风愁起绿波间'，大有众芳芜秽，美人迟暮之感。乃古今独赏其'细雨梦回鸡塞远，小楼吹彻玉笙寒'。故知解人正不易得。"

由此可见，李璟的诗词造诣也不一般。

生性懦弱，国家内外又矛盾重重，在这种危苦的境遇下，无限幽怨愤懑，大概就是李璟当时心理的真实写照了。

郁闷生活里唯一能让他敞开心结的，便是小儿子李煜了吧。

李煜也从未让父亲失望，在诗词造诣上深得李璟欢喜。他与周娥皇在一起的欢乐也暂时麻痹了他自己。

而李璟，醉心诗词，像是找到了自己渴望已久的失乐园，那里安乐和平，清山妩媚，绿水多情，清风婀娜，那里只有人间情爱的欢愁别绪，没有冷酷无情的战火硝烟和尊严尽失的割地赔款。只有诗意的人生，岂不快哉！

在这个混乱的年代，娥皇和李煜却依旧恩爱又奢侈，李煜对周娥皇的盛宠之下，公元 958 年，在李煜即位前他们就有了第一个儿子——李仲寓。

周娥皇躺在产房里疼了也不知几个时辰，孩子才出生，她疲累得快要昏厥过去，终于听见产婆抱着孩子高兴地叫道，"生了，是个儿子！"

那样大的声音，不过是为了让在产房外心急如焚的李煜听见，自古以来，男子不得入产房。

在外背着手来回踱步的李煜，紧张地将衣袖捏得满是皱痕，直到听见产婆的声音后才松开，欣喜若狂地抓住出来的小宫女就问："娥皇怎么样？有没有事？"

听到母子都平安后，才仰天大笑。

初为人父的李煜，对于这个儿子的到来，开心得像个毛头小子，这是他们第一个孩子啊，那么小小一个肉团儿，红扑扑的。

在一段爱情和婚姻里，恐怕没有什么比一个孩子带给这对情侣的感动更大，一个新的生命，承载着两个相爱人的血液和骨肉来到这个世界。往后从蹒跚学步、牙牙学语，到成年成才，都是父母的心血体现。

红尘十丈，人海茫茫，一个回眸一句话，一首琵琶一句词，都可能是一次金风玉露喜相逢。多年之后的李煜，无论身边人是否还是周娥皇，他可能都会记得，当初一句话一个眼神一次哼唱都能接上的那个女人，那个为他怀胎十月诞下麟儿的女人所带来的陪伴和感动。

他们的相遇结合，大概就像张爱玲曾说的："于千万人之中，遇见你要遇见的人。于千万年之中，时间无涯的荒野里，没有早一步，也没有迟一步，遇上了也只能轻轻地说一句：'哦，你也在这里吗？'"

可叹的是，他们的结局也像张爱玲说的："也许每一个男子全都有过这样的两个女人，至少两个。娶了红玫瑰，久而久之，红的变了墙上的一抹蚊子血，白的还是'床前明月光'。娶了白玫瑰，白的便是衣服上的一粒饭粘子，红的却是心口上的一颗朱砂痣。"

但是沉浸在爱情的甜蜜里，李煜却没有忘记亲情人伦。他性情着实醇和，即遍大皇兄如此淡薄亲情地针对他，可在大皇兄生病期间，依然日日前去照顾，衣不解带地服侍床前，希望皇兄能懂得他不喜政治是真的。

然而事与愿违，病榻中的李弘冀虽然感动，却在半梦半醒间向李煜说起自己在皇储之争中杀害了叔父李景遂。

　　李煜以为，只要自己一直收敛锋芒，无论是自己和大皇兄，或者皇叔李景遂，手足之情，血缘关系，总是不会断的。他一直这么以为，也一直这么麻痹着。直到在病榻前听闻，皇长兄李弘冀因皇储争夺，亲手杀了叔父李景遂时，他才幡然醒悟，原来一切都是躲避不了的，原来在他眼中看得尤为重要的亲情，不过一厢情愿，一张白纸，不用刀刺也不用火烧，随便拿点水洒洒就破了。

　　李煜自此一病不起，闭门不见人，是否是真的病了？或许只有周娥皇才知道。

　　皇长兄亲口说出的亲人相残之事，对李煜的震撼无疑是巨大的。皇叔啊，那个小时候抱着他们笑的人啊，那个恭谦着伏在父皇面前辞去皇太弟的人啊，半生的荣华富贵，最后却被皇室这个枷锁所牵累。

　　李煜终于知道，自古皇家多无情。

　　汉武帝一心为亲儿子而诛卫家三族，为防女子专权而子贵母死，宋文帝北伐失败被儿子刘劭所杀，孝武帝刘骏后又诛杀亲兄长刘劭一家夺权。当时民间流传着这样一句歌谣："遥望建康城，小江逆流萦。前见子杀父，后见弟杀兄。"

　　谁会想到，人是可以泯灭一切情感，弑母杀父屠亲人的。这样的人，要么是自身人性扭曲，要么就是驱使他手起刀落的诱惑太大。

　　这种丑陋的事实，活生生地拨开了美好的外皮暴露在李煜眼前，让他心惊胆战。

　　他终于醍醐灌顶般地明白过来，自己的躲避，并不能换来什么，并不能在眼里早无亲情的兄长手里讨得一块清净地。叔父李景遂也曾在皇太弟的位子上瑟瑟发抖，也曾向父皇请辞，可是换来了什么？依旧是亲人相残。

　　当然弑亲的太子李弘冀，也没什么好下场。他最终被李璟免去太子之位，郁郁而终。另有传言说，他是半夜梦见叔父的鬼魂，被活生生吓死的。你看，知道了至高权力离自己越来越远后，连当初目空一切，神挡杀神，佛挡弑佛的嗜血之勇也都没有了。不得不说，王位和权力真是诱人。

　　时至当下的南唐和李璟，都需要一剂强心针来扛起国家的重担。而六儿子，在文学上能和自己相谈甚欢，同时出生时天有异象，并且有"帝王之眼"，具备"天赋皇权"的条件，于是这样的李煜，在李璟眼里是非常完美的，是为南唐的希望。

　　这位国主大概不知道，一切都只是虚幻的泡沫。南唐这个国家，早已像被白蚁蛀过的木头，内里空洞不堪。

　　也许他也曾后悔过，百年之后回想起来，或许会有所顿悟，当年若是文献太子即位，这南唐万里，会不会就此得保？

　　南唐啊，或许是太需要李弘冀这样的领头羊了，相较于自己，他有着帝王应该有的果断和智慧。

　　公元 961 年，李煜父亲，南唐中主李璟去世，留下了个风雨飘摇的国家交到了小儿子李煜手中。

李煜兜兜转转了这么多年后，在二十四岁那年，终于又被摆回了历史赋予他的职位之上，接手南唐。

煜：日以煜乎昼，月以煜乎夜。——《太玄·元告》

烛蓬一梦归，心愿与身违

田崇雪教授曾这么评价过李煜："中国至今也没有找到一个'要美人不要江山'的男儿郎，但却找到了李煜这么一个'做词人而不做帝王'的男人。是因为看到了太多的征战和死亡？还是因为骨子里压根就没有那份阳刚？"

我猜或许是都有的吧。李煜信佛，却了解了闽楚二国被灭国时的惨状；他喜诗词，吟诗作对莺歌燕舞的时间都比学习处理国事的时间要多；他见不得血腥，哪怕是再奢侈无度，也不曾拿宫人的性命当游戏的靶子；那双重瞳之眼里，似乎有着看不尽的盈盈秋波、悠然的温柔散漫，更有着谁也读不懂的离愁别绪。

这样的成长经历，塑造了一个活生生的李煜，一个天生的词人和一个软弱的帝王。

天生异象，身带重瞳，却又性情敦厚，寄情山水，这样一个矛盾的人，两种极端的异象在他身上体现。

老话说，命里有时终须有，命里无时莫强求。

他有着"帝王之眼"，却想着"一蓑烟雨任平生"。所有平民百姓的水深火热，国家朝堂的危机四伏，统统看不到，他只是个站在庭院树下，叹"月朗星疏天璀璨，花明柳暗水从容"，只看到皓月当空洒，树梢抖落一地月光，风过竹林响。

王朝的危机和百姓的愁苦，是那些身在权力漩涡中心的政客们应该关心的，然而他不会，也不想。

可是命运似乎格外宠幸李煜，将他的帝王之路铺就得平坦异常，没有兄弟厮杀，没有钩心斗角，仿佛一切都是顺理成章自然而然。

命运总是喜欢百转千回，让你兜兜转转最后才发现，原来天意如此，感叹造化弄人。无论一路上经历过多少个岔路口，可路的尽头，永远是南唐的王位。

顾城曾写："命运不是风，来回吹. 命运是大地，走到哪你都在命运中。"

李煜一定是没听过这句话的，可他一定比任何人都要感触颇深。

被选中了坐上皇位，从前，皇位的第一候选人不是他，后来，第二候选人也不是他，说到底，他就像是个被拉来凑数的皇帝，始料未及，除了作词，他还从未问过政事。

他也曾在过去被父皇授命做了个小官，经年过去毫无建树，依旧整日吟诗作对，他真的不适合官场，更不适合王位。

可是已经箭在弦上，容不得他说不了。

在南唐这出大戏里，李煜身陷其中，心里像是经历了一场暴风雨，泱泱一国，他却像个无助的孩子，难道注定只能在史书中被记上灰暗的一笔？

毫无心理准备的李煜在《浣溪沙》中写道：

转烛飘蓬一梦归，欲寻陈迹怅人非，天教心愿与身违。
待月池台空逝水，荫花楼阁谩斜晖，登临不惜更沾衣。

人生如同风中的烛火蓬草，漂泊不定，身不由己，再美好也只不过是一场梦罢了．想找寻旧日的痕迹，却已是物是人非，无常变换，徒增伤感．上天注定了自己这一生，现实总是与心愿相违，无处话凄凉，是天底下最深的无奈。

好一个"天教心愿与身违"！

回头看，手足亲人相残，国家内忧外患，命运缥缈风中摇曳，一切都以自己最不想要的方式，同自己的心愿背道而驰地远去。

呜呼哀哉！

鱼游沙漠，残酷而痛苦。

他的心愿不过是做个悠闲皇子，富贵闲人，与周娥皇一起，弹琴写诗饮酒作乐，或许多年之后儿孙绕膝，闲来无事含饴弄孙垂钓碧溪上，什么奏折朝政大臣，什么征战，跟他又有什么关系？自有人来操心。

这样的愿望有些自私却又能理解，他不是个会同自己的命运背离、勇敢对立的人，他明明只是个心怀赤诚游戏人间的闲人，却一边挣扎着，一边被迫顺从着，被拥挤着，推搡着，簇上神坛，从此刀光剑影，尔虞我诈，所有的理想也好，心愿也好，再不复相见。

那一年，李煜二十五岁，李璟病逝，李煜即位南唐主并封长子李仲寓为太子，周娥皇封后，公元 961 年七月。

又是一个七月！

这个与七月有着不解之缘的帝王，大概不会预见到，经年之后，也是这样一个闷热的夏天，他的梦想与现实，都在那个七月，尘归尘土归土了。

史书上的李煜似乎总是不问政事，昏庸无能的，但在史书苍白的纸页下面，透露出一丝丝的蛛丝马迹，似乎在宣告着，这个悲情帝王不为人知的一面。

父亲去世，让本就不知所措的李煜更是难过得难以复加，他派出使节赶往宋国，通知先皇驾崩，并向宋皇帝赵匡胤呈上大笔贡品，换取宋国对自己继承父位的认可。

此时李煜急切地想要依赖老臣，就像一个无知的小孩依赖社会经验丰富的父母一般。

当自己坐上了至高无上的王位，才知道这个国家早已满目疮痍，一直在宋朝的刀刃下苟且偷生。此时李煜的心情可以说是一波三折，从富贵闲人的悠闲，到莫名被推上皇位的讶异和抗拒，再到看透这个国家本质的痛苦，最后接受自己已成为皇帝的无奈。他一边不甘心，一边却无可奈何。

因为从没有人教他如何参与政事，从他有记忆开始，接触到的，就是父皇每每和宠臣冯延巳、魏岑等"五鬼"大设诗宴，他在文学上所受到的熏陶和影响，远比政治上受到的所有教育还要多。

究其根本，其一，父皇喜文，自己也乐意做个富贵闲人，其二，皇储第一人从来都不是他，也不会有人来教他如何打仗，如何批阅奏折，如何关心民间疾苦。

他的母亲，也从未教他如何在这深宫之中尔虞我诈钩心斗角，他成长的时光里，诗词书法所带给他的影响远比其他要多，而他最多，也只是知道如何明哲保身。

所以，当他写了第一首诗词而备受父皇和臣子的夸赞与表扬的时候，可能潜意识里就形成了"诗词比政事更加重要，更加能讨人欢心得到夸赞"这样的想法。

就连当初皇兄李弘冀去世后，父皇李璟欲立李煜为太子时，朝中都有大臣劝诫："从嘉（李煜）德轻志懦，又酷信释氏，非人主才。从善果敢凝重，宜为嗣。"

往前，从没有人教过他如何治国齐家平天下；往后，却有无数人来指责他昏庸无能贪享乐。

可是他从一出生，在被命运强加上荣耀的同时，也被命运强加上了枷锁，他不可以后退，因为他的国叫南唐，他的家，也叫南唐。

很快，宋便派人前来吊唁追悼，只是前来吊唁的宋国使臣，却不只这一个目的。

当一个正值国主更替且风雨飘摇的国家就这样躺在一隅，宋朝如何能不心动？

于是这位使臣便有了另一个身份，那就是说客。

当宋朝使臣隐隐表达出劝降的态度时，李煜忽然精神崩溃了，难道自己命运如此，南唐就这样被自己葬送，被自己亲手画上句号？

是不是父皇真的选错了人？是不是皇弟才能力挽狂澜，将山河破碎的南唐拯救于水火？

自己硬撑了这么多天的强颜欢笑，终于被一句劝降所打破。他想破口大骂，以泄心头愤懑，也想一睡不醒，躲避诸多烦恼，更想回到过去，告诉父皇，我本文人，难担大任，今有皇弟，聪慧骁勇，太子，非他不可！

李煜坐在王位上闭上眼睛叹了口气，再睁开时，双目通红，眼波流动，望着坐在殿下的使臣，久久未开口。

最后重重一声叹息，他复又发笑，装作不闻，称病退出。

自己到底还能支撑着南唐安然几时？

这江山，或许唯有诸葛再世，方能得保。

曾经多少个日夜在深宫中安然享乐写词，一回身才发现这个南唐，早已不是当初的民富国强，物是人非。

那段时间的痛苦，大概只有一直陪在他身旁的周娥皇才能排解一二。

不能掌握命运，就只能被命运推着走。

自己就是这样被推着走向王位。他曾在多少个夜晚，静静冥思，内心痛苦矛盾又挣扎。看着他痛苦的样子，周娥皇时常红了眼眶，唯有静静地坐在书房的窗下，弹一首琵琶，以示安慰："别害怕，无论你在什么地位，我都陪着你，春花秋月，夏荷冬雪。"

这样的善解人意，对于当时的李煜来说，带来的感动是莫大的。就像是自己堕入深渊，而身边却陪着一个深爱的人一起分担你的害怕和恐慌，同你一起生死相依。

就像当年的杨行密之于李昪，于万丈深渊中，拨云见日。

幸得周娥皇在身边不离不弃温柔感化，否则在这样历史洪流里的李煜，或许已然崩溃不已。从先帝手中接过这样一个千疮百孔的烂摊子，他也曾愁苦万千，他没想到的是自己这样一个不问政事，在朝堂上各方面表现平平，竟也能被推上王位这个宝座。他也终于明白，身为皇嗣，他的一生中，有多少常人不及的便利与荣华，就有多少常人不知的责任与负担，凡夫俗子们都艳羡着身居高位富贵荣华的皇家，却不知，李煜羡慕着每一个凡夫俗子的幸福。

围城外的人张望着围城内的辉煌，围城内的人羡慕着围城外的平凡。

在世人的心里，李煜大概是最不适合皇位的君王，应该是属于天地万物和风细雨。

从嘉（李煜）从嘉，从容不迫，嘉言善状。

或许在春天，他会身穿一袭苍白素衣，翩翩而立，在一树夭夭桃花下，念一首桃花词，赞灼灼其华，叹春光大好；在夏季里他会手执一把桃花扇，约上三两好友，闲来垂钓碧溪上，困来躺卧荷叶间，醒来谈花间趣事，归时打三两醇酒；在秋季他会静坐庭中与友对弈，于秋风里感受丝丝凉意，落叶飘身上也觉是情调，收集一二藏于衣衫里，便满心欢喜像是收藏住了整个秋天；在冬季，他会披上氅衣在大雪纷飞的梅林间为满目梅花赋诗一首，顺手折下几枝傲骨寒梅插于房中案上，一口呼吸，花香袭来，沁人心脾。

这样一个如江南水墨画里，矗立烟雨中青衣薄衫的公子，这样一个遗世独立，如梅花般清冷高傲的公子，这样一个腹有诗书气自华，浑身书卷气的公子，在这浊世间清醒又寂寞地站在那里，离人群不远不近，却十分耀目。他似乎有着洞悉人心看透世事般的双眼，他不要荣华虚妄，也不要官场的尔虞我诈，他就应该是静静地站在那里，像戴望舒笔下"撑着油纸伞，独自彷徨在这悠长又寂寥的雨巷。"

他有着融入凡俗间的生活气息，也有着自成一派和这尘世格格不入的腔调。他是个春花秋月、夏荷冬雪的文人，也是个不近权利不屑官场的骚客。

似乎随时都能抛下一切，来一场旷世绝恋。

若不是生在这乱世皇家，他自有一番广阔天地大展手脚，他甚至也可以默默无闻、籍籍无名地缩在乡野山居里，学陶渊明做个单纯"采菊东篱下，悠然见南山"的莲峰居士。

无论哪个都好过在深宫里，将一个寄情山水的文人骚客，披上了任重道远的皇袍，冠上了举国之重的王冠。

他可以是位词人，也可以是位风流才子，也可以是位碌碌无为的山野村夫，这些角色他都能做好，唯独做不好的，就是这命运给他安排的一国之主。

他文弱的肩膀如何能堪担大任？如何能受人朝拜心系万民，他只是个想"万顷波中得自由"的弱民而已。

读遍这位词帝的多舛人生，心中不免百感交集，一句"千古词帝"里包含了李煜怎样的心血苦楚？这不是李煜一个人的过错，这是一个时代的悲剧。

他登上宝座，看着下面的百官，看着宫殿外万里无云的晴天，看着过往几十年的南唐风雨沧桑，终于闭上了眼，认命了。

原来这个嗜血的宝座，是这般滋味。

弹琴写诗饮酒作乐统统变成了留宿书房笔墨奏折，李煜看着奏折里的罗生门百感交集，看奏折里的百姓水深火热，听奏折里的民间五谷丰登，他一页页地仔细摩挲，一份份地自己斟酌，日复一日地才知道，有人实事求是，撕开表面的浮华将腐坏的肌理呈给他看，有人模棱两可，遇事推脱佯装不知，也有人隐瞒不报，将破碎山河盖上锦绣华服，掩人耳目。

这南唐，成了百官们的浮世绘，在飘零山河上涂膏抹药，紧紧抓住最后的浮华泡影逍遥作乐，贪墨败度。

李煜也学着安邦治国，在朝堂上也想大展宏图，可是南唐江山早已像被风雨摧残过后的凄零残花，该要医治谈何容易？

怕是烈祖再世，也毫无章法吧？

已经是风雨飘摇的国家，连呈上来的奏折，都是一片虚假的繁荣，大家紧紧抓住这样的浮华享乐，却不管浮华之下的满目疮痍，如今南唐已近黄昏，国势已去大半，在宋的铁爪之下苟延残喘。

大家都眼睁睁地看着江河日下，放任且束手无策。

李煜坐在宫殿之上，屏退众人，就这么静静地坐着。他不能让自己这样软弱的一面被他人看见，因为他不能软弱。他高高在上所以他必须一身铮铮铁骨，他不能让情绪随便外泄，他必须让骄傲独占鳌头。

　　皇陵附近种着不知名的花儿，连日的雨水已经让花秆折弯，李煜伸手扶了扶，花秆依旧病恹恹地倒在那。一阵风吹过，他回头看了看身后的沧桑江山，忽然想起了叔父李景遂和兄长李弘冀。

　　叔父和自己是一样的人吧？淳厚软弱，避世不争。这样的南唐，无论是交到自己手上，或是叔父的手上，大概也就同这花儿一样，病病恹恹，不死不活。

　　如今宋朝虎视眈眈地盯着自己，行一步都怕出差池。仰人鼻息的生活，就如同在一头凶兽旁酣睡，胆战心惊，噩梦连连。

　　这样日渐衰退的国家，需要的是一剂真正的强心针，需要的是铁血手腕和雷厉风行，需要有勇有谋有胆略的强者。

　　自己和皇兄李弘冀就像是拆分了父亲身上所有的性情，截然不同。自己的诗词才情，皇兄的豪情壮志，他对权力赤裸的欲望，他为之所做的杀戮也好功德也好，或许皇兄他比自己更适合这个皇位。

　　可惜依旧失之交臂，真是应了那句"命里有时终须有，命里无时莫强求"。

　　古往今来史书言官也好，平民百姓也好，无不是说皇位权力诱人，多少人前赴后继地浴血奋战只为荣登大位黄袍加身，后人永远是踩着前人鲜血铺成的道路往上爬，一将功成万骨枯。可是李煜现在才明白，或许皇位这个拥有至高无上权力的象征，就是需要这些嗜血的强者来坐，笔杆子再硬也始终当不了刀剑，握的了刀剑的人，才能支配权力。

欲戴王冠，必承其重。

可我李煜，承受不了啊！

从小信佛，戒杀生，戒骄躁，这样一个文弱到连刀剑都不曾提过的书生，却要保家卫国，沾鲜血，拿刀剑，教赤子谋权。

可能，比求不得更难熬的事情，就是被迫接受了。

直到暮色四合，李煜才起身，独自一人头也不回，沉入这无尽的黑暗中。

《病中书事》

病身坚固道情深，宴坐清香思自任。

月照静居唯捣药，门扃幽院只来禽。

庸医懒听词何取，小婢将行力未禁。

赖问空门知气味，不然烦恼万途侵。

何处诉哀愁，唯有寄空门

人生总有坎坷逆境，生活也都是现实的，总会拨开华丽的外衣，逼迫着你去亲眼看看这多舛的命运和不公的生活，然后放任你无可奈何。愁苦如李煜，我们一面在感叹他大气又精致的诗词时，却又能透过字里行间溢出来的忧伤痛苦，一眼看到斑驳的南唐城墙，看到他心酸的泪水和无奈的感慨。

都说，年少不识愁滋味，为赋新词强说愁。可是李煜倒像是识透了愁滋味，一夜之间，世间千万种苦都看遍，世间千万种愁也都尝遍。

他曾经躲了又躲，逃了又逃，最终却依旧被命运捉弄，摆回帝位。

他，一下子被截断成前后截然不同的两段人生轨迹。

多少次独坐书房，挑灯夜读，只为将来能对得起父皇，对得起南唐，也对得起自己，既然坐上了这个位子，总不能继续不闻不问。

中主李璟去世不久，南唐在与后周的战争中节节败退，举国上下都充满了悲伤颓废的气氛，在战争中被拉退的经济，开始停滞不前，大有迅速下滑的趋势，李煜初登王位，看着这破碎飘摇的国家在水深火热之中，想做些什么却始终不得章法。

最后为表其志重整朝野，李煜重启旧臣并加官晋爵委以重任，以此稳定政治核心层。对何敬洙予以重职，哪怕是当年淮南战事中逃跑的冯延鲁，李煜也看在其是冯延巳同父之弟的份上既往不咎，厚礼相待。

陆游的《南唐书》对何敬洙记载道："后主嗣位，以病足乞解官，授右卫上将军芮国公，致仕，给全俸，第门列戟。乾德二年，二月卒，年七十七。废朝三日，命枢密使中书侍郎朱巩持节，册赠鄂州大都督左卫上将军，谥威烈。"

那时候对于李煜来说，正是个人才缺少，求才若渴的阶段。他身心疲惫，连一丝一毫的差错和波澜都经不起了，一点点的风吹草动都会让他气喘吁吁。

当时李煜对国家和王位，还是有心担当的。既然赋予了他这个职责，他就该去履行使命。

于是在这样一个矛盾的心情里，李煜常常忧愁不已，心里想着饮酒作乐，脑子里却还得思考着朝政国事，身不由己。

可这样勤勉的时光也并没有持续多久，南唐这个窟窿已经太大了，弥补不了了。年年的收入大多送往了宋朝，可能连百官都知道，这乱世之中，南唐已经是末期了，从前伏于后周，如今依附着北宋。南唐，就如同山坡上的干草垛，日复一日地不停往下滚落，干草和枝丫都散落一地，山坡下就是虎视眈眈的北宋。南唐的状况，李煜又如何不知道？可他如何才能力挽狂澜？

北宋，赵匡胤有铁血手腕，和李煜是截然不同的人。赵匡胤出身于军人家庭，从小生活朴素简单，长大后常随父亲征战沙场，金戈铁马的日子过得太多了，食不果腹风餐露宿的日子也过得太多了，所以他比李煜更加懂得珍惜，身上也没有李煜那套文人贪图享乐风花雪月的奢靡作风。

他严于律己，也严于律人，要求家人食饭不得浪费，穿衣蔽体即可。他也常和部下一同吃喝，不搞特殊化，但对于利国利民的工程，却又精益求精，从不吝啬，知道把钱"花在刀刃上"。

这个相对意义上的明君，在那个颠沛流离的时代，已经是少见得很了。

在这一点上，他和南唐烈祖李昪颇为相似，都是曾流浪吃苦和沙场点兵的人，他们深知百姓疾苦，关注底层人民的民生问题，是吃得了苦中苦、能为人上人的人。

或许将李煜也从小换一个环境教养，就不是今天这样的局面了，可是哪来那么多"或许""如果""要是"？历史是从不会给人第二次机会的，不成功，便成仁。

从小的经历，刀尖上舔血的日子，使赵匡胤比一般人的眼界和格局更大，他有着统一全国的野心，要的是整个天下。

在这样强大的北宋和强硬的帝王赵匡胤监视下，李煜这样一个不通政事不问朝政，本就无心治国的国主，根本带领不了一个庞大的，却积贫积弱，日渐走向衰弱的王国。南唐，这个在历史的大海中风雨飘摇的国家，是注定翻不出什么浪花了。

自从父亲李璟向后周割让土地自降封号开始，南唐就大势已去了。

他除了年复一年向宋朝殷勤地进贡，以示自己并无野心，并愿臣服于北宋，便再无他法。

李煜效仿其父，寄希望于向宋纳贡以保全南唐和自己得到的暂时的安稳，他知道南唐再也经不起哪怕一场战争。

他对宋俯首称臣，在每次的纳贡上更加花心思，几乎已经到了月月纳贡的地步，企图以自己的低姿态来换取南唐的苟延残喘，甚至比一般的臣子还要恭顺谦卑几分。

逢年过节，李煜更是进礼不断，以示尊敬。他时常派遣使臣向宋朝表达自己的臣服之意，甚至自请降低规制和称呼。会见北宋使臣时，主动脱下龙袍，换为紫袍官服。逢遇国事，无论大小，都一一向宋禀报。这样的作态，更是比其父还要伏低做小。

高额的纳贡进礼来自民间百姓上缴的苛捐杂税。更有传言，当年鹅生双子、柳树结絮都能成为苛税的荒唐理由。

百姓怨声载道，苦不堪言。朝堂上人心涣散，悲观颓然，朝堂外北宋步步紧逼。南唐已然没有前进的道路，更没有退路。

李煜被现实和理想两面夹击着，苦苦挣扎。祖父李昪费尽心机打下的江山，父亲李璟半辈子的守成，难道就注定要葬送在自己手上？他不想变成王国的罪人。

古往今来朝代更替乃是历史亘古不变的发展，一个国家的兴衰从帝王的眼里，从百姓的口里，从边疆的战士那里，都能发现蛛丝马迹，一切都是有迹可循，既然已经无法改变了，那便是只有竭尽所能地让这一天来得更晚一些。

上天对待李煜已经是不薄了，古往今来多少君王，从一出生，就开始看兵法，学谋略，扼杀孩童天性，然后填鸭式地将帝王家的荣辱兴衰，权术谋划，连同尔虞我诈，都灌输给未来储君。于是他们没有了欢笑没有了童趣没有了自由，也没有了一切孩童和少年该有的肆意欢快，就像从一出生，就是为了黎民百姓为了天下苍生而存在。

可李煜，从没有这种烦恼。在他的前半生里，肆意欢快，有美人在侧志趣相投，到后来依旧荣宠不减，而江山社稷，从来都不是他会去想的，也不需要他去操心，这样完美的前半生，让李煜开始松懈下来。

"我不过是一届被迫的君主，只会舞文弄墨，而南唐如今也已经无力回天，努不努力，又有何关系？倒不如纵情声色。"

或许李煜是这样想过的吧？一定这样想过，不仅如此，他还这样做了。

可能是已经坐上了这个宝座，内心难免还是波澜不已，似乎有种飘飘然的感觉。头破血流万人争抢这个位子，如今自己却不费一丝一毫便荣登大位，看着宫殿里进进出出唯唯诺诺的俾子宫人，看着百官跪地朝拜高呼金安，看着这普天之下的南唐都握在自己的手上，这样的震撼是自己从前从来没有过的，他似乎也嗅到了权力所带给他的快意。

可是这样的快意之中却又隐隐夹杂着几缕不甘。

不甘我泱泱一国如今割地赔款仰人鼻息，不甘我一国之主如今卑躬屈膝纳贡称臣，这都不是一个真正的帝王该有的。

于是李煜开始和历史上丰功伟绩的帝王比较，开始和父亲，和祖父看齐。

人大概都是这样的，没有见过宝贝之前，不甚在意，也无它想，却在接近或者得到宝贝后，吹毛求疵想要它精益求精完美无瑕。

从祖父李昪到李煜，南唐这么多年，唯独自己，还没有尝过至高皇权的滋味，可是一开始交给他的南唐，就已经是落入泥沼的苟且偷生之国，李煜坐在高高在上的皇位才发现，这南唐万里江山早已经岌岌可危，该怎么办？

他不甘心啊，于是在宫殿里，依旧偷偷地穿着皇袍，所有规定也好制度也好，包括出行和用餐的依仗，都沿袭帝王的规制。说到底，李煜还是并不甘心承认南唐附属之国的身份，也不愿意承认自己只是个无用国主的事实。

所以说，权利啊，尝过的人总是食髓知味。

而李煜，就像是完全为自己而活一样，想要励精图治的心情还没有过多久，就将初登大位时的初心忘得一干二净。

或许是他真的经受不住诱惑，又或许是他根本没忘，却无可奈何，不如随波逐流。

更有甚者，传言他后来曾向宋太祖赵匡胤上书请求为父亲恢复皇帝称号并建陵。

这在当时宋朝眼里"胆大包天"的话，李煜竟然在这个关头说了出来，这究竟是奸佞之臣的挑唆，还是李煜自己年少轻狂的真实想法我不得而知。

只是在这个他强我弱，强者欺弱，弱者伏强的时期，南唐这个国家的各项实力，远远无法和日渐强大的宋朝所抗衡。

南唐弱到一国之主想要穿个龙袍，都还要悄悄地以防传入北宋赵氏耳中带来无妄之灾，每当宋使来到之时，李煜都要脱下龙衣换穿紫袍。

南唐之所以山河日下，追究其根本，也不能完全责怪李煜，毕竟在此之前的南唐，已经被一个骨子里是文人的帝王统治了。

李煜与大周后在深宫里沉迷于享乐，过着纵情于奢靡的帝后生活。

不得不说，周娥皇与李煜的结合实乃天作之合，无论当初李璟对于这场赐婚实际有无拉拢朝中权臣的意味在里面，生活是自己的，李煜和周娥皇虽然是如胶似漆，但也奢靡无度。

而奢侈，也并不仅仅表现在后宫与周娥皇的生活之中，朝堂上的愁苦之后，他也时常静坐与佛堂内，请大师讲经，以逃避凡尘俗世的叨扰。

他曾几次召见宫外僧人进宫讲经，并大修佛寺，为的是表达自己虔诚的心，或是为了所求的事，不得而知。

李煜对南唐的政事不甚关心，整日沉溺在后宫，或是歌舞升平，或是听诵经讲佛，南唐的意义对于他来说，大概是夏季被父亲披在身上的一件外套，他不想要，却被迫接受。

而佛祖，便是这天地间唯一能够救赎他苦闷内心的存在。

骨子里就是个文人的李煜，他安心地陪着这个南唐渐入暮色，宁愿坐着等死，也不愿意放手一搏。

他在佛堂里将一切的凡尘俗世忘却，像是活在了"楚门的世界"里，活在一个自己渴望的内心世界里，却从始至终都不曾想过打破这一切镜像。

佛说："觉悟世间无常。国土危脆。四大苦空。五阴无我。生灭变异。虚伪无主。心是恶源。形为罪薮。如是观察。渐离生死。"

佛说："愚人求佛不求心，智人求佛更求心。愚人修身不修心，智人修身更修心。"

说到底，李煜是个愚人，求佛不求心，嘴上念着四大空苦，五蕴皆空五阴无我，但实际上还是私心在作祟，利用身份的便利与宫中无尽的奢华来满足自己贪念安逸的内心。

大臣谏言，李煜不听不管，宫中人颇有微词，李煜不闻不问，如此昏庸，如何治国？

《左传·成公二年》有云："大夫为政，犹以众克，况明君而善用其众乎？"明刘基在《拟连珠》里写道："去奢尚俭，明君所以弭邪侈。"

有人说："中国历史上的明君可以分四种，一类是奠基创业、开国换代的开国雄主，如隋文帝、明太祖。一类或继业守成、开创治世或盛世的盛世明君，如汉文帝、汉景帝、唐玄宗。另一类承天命于宇厦将倾、社稷飘零的衰世、励精图治、中兴家国的中兴之主，如汉昭帝、唐宪宗、明孝宗。还有一类，则是虽没有开创国家和缔造盛世也没有中兴国家，但是却巩固了身后的帝国的待兴之主，如晋明帝。"

而李煜所在的时期，便是"承天命于宇厦将倾、社稷飘零的衰世"；可惜李煜注定做不了那"励精图治、中兴家国的中兴之主"。

从小就没有被当作南唐帝王的接班人来培养过，他还从未了解过，一个明君的样子是什么，从小因为身份所带给他的优渥生活和无忧无虑，他只知道随心所欲。这个皇宫里的每一个人都对他毕恭毕敬笑脸相迎，他多么无理的要求都会被满足，况且跟着文人父亲李璟的耳濡目染，治国上偏重文人的感性，他的潜意识里，一个帝王，大概就是这个样子，咏诗写词，同文臣办诗词宴会，在月下花前赏春花秋月。

自我的欢愉，永远排在国家的需求之上。

所以突然站在了权利的制高点，李煜才知道，南唐本已日渐衰败，外有别国虎视眈眈，这一国之主，并非是如此简单，想利用好权利这把双刃剑当一个明君，更是困难。他承认自己无能，作为一个文人，除了吟诗作赋，他根本对这满目疮痍别无他法。他软弱，却又想励精图治，治国平天下，于是佛祖的存在便被李煜当作避风塘一般，寄托了内心的愿望，回归了内心的宁静。

李煜没有赵匡胤那么高的眼界，也没有李昪那么大的格局，求什么呢？求天佑南唐，求佛祖怜悯自己，能够在这乱世里得一方清净。

这算不算是另一种逃避？

在现实中遵循着让肉身安逸，思想放纵的活法；在佛海里追寻着内心的安宁，寄托着凡尘俗愿。如此，便是"万顷波中得自由"了。

第二卷：多情自古空余恨，好梦由来最易醒

金炉添香兽，锦衣随步皱

历史上才子身边配的一定是佳人，好像这样才不会破坏历史赋予他们的美感。而李煜身边的南唐之后周娥皇，更是传言容貌才情天上有地下无，史书上的周娥皇娴静聪慧，气质高雅；通书史，善歌舞，尤工琵琶，曾当众即兴创作乐曲，如此才情，可见一斑。

这种种夸赞，无不显示着周娥皇的翩若惊鸿才貌双全。

周娥皇原名周宪，字娥皇，其父是南唐宰相周宗。古时候皇子公主的婚姻，多多少少都免不了政治因素的掺杂，而李煜和周娥皇的结合，一定也逃不了这样缘由的掺杂。

只是他们和别人不同，十八九岁少女怀春的年纪，听说自己即将嫁给皇家贵胄，对方丰神俊朗，面如冠玉，谁会不心动？

当李煜骑着高头大马接新娘进宫，还未知新娘是谁，也曾对这个新娘有着万千猜想，是否"新月如佳人，窈窕神女颜"？又或者，"普天壤其无俪，旷千载而特生。群芳难逐，天香国艳"？

在幻想中，丈夫对妻子的猜想得到了升华，要和自己相伴一生的人，

在自己眼中，总归是独一无二的。

一个人和另一个人的结合，注定了两株生长在不同土壤里的藤蔓，从此变成了相互依偎的共同体；注定了往后顺境逆境，挫折或坦途，开心或争吵，都会不离不弃；除了死亡，便没有什么能将相爱的两个人分开。

春宵之夜，酒过三巡，当红色的喜帕被挑开，羞涩的娥皇垂眸暗暗打量，微醺的李煜动作轻柔，目光相对，就像五月的天闪了电，一眼万年。

身无彩凤双飞翼，心有灵犀一点通。

她就像是一泓清泉，涌进了李煜的心田，恰似梦中女神降临，不似深宫妇人的无知任性，不似小家碧玉的骄矜短浅，她是恰到好处的聪慧，也是恰到好处的温柔，一切都是恰到好处的。

周娥皇的智慧，在于使李煜对她前半生的忠贞不一，以及对其死后的念念不忘。

从此周娥皇陪着李煜从年少无知到荣登大位，后赐居瑶光殿，与皇帝李煜，开始在这深宫里纵情声色。

对于一对夫妻，他们的生活活色生香，感情甚笃，堪称夫妻感情之典范。

可是对于南唐的皇后，她应该是不合格的，在李煜放纵时，她并没有做到一个贤内助的角色，但也不能够就以此将她归类到红颜祸水。

自古后宫不得干政，深宫妇人，她又能做得了什么？而对于作为李煜的妻子这一角色，她无疑是满分的，无论身处何种境地，她从无怨言，默默地在李煜身后，做一个生死相依性情相投的好妻子。

　　这样一个才情无双的女人，李煜对她投注了太多的目光，所以历史也为她留下了一页绚烂的笔墨。

　　我们今天从史书中得来的周娥皇，便是如此一个翩翩佳人，明媚温柔，却又有着恰到好处的聪慧狡黠，那是种不会让男人反感的、并非自以为是的智慧，以柔克刚，以退为进，用女人的柔软，包容所有坏脾气、小性子、恶趣味。读遍历史记载中的周娥皇，不得不感叹，此乃真大家闺秀也！

　　历史不仅记载了周娥皇的完美，更记载了李煜的用情至深。历代皇帝大都多情，免不了三宫六院佳丽千百，可到了李煜这，就像出现了个特例一般，一心扑在娥皇身上，终日饮酒作乐，谈情说爱。

《浣溪沙》
红日已高三丈透，金炉次第添香兽，红锦地衣随步皱。
佳人舞点金钗溜，酒恶时拈花蕊嗅，别殿遥闻萧鼓奏。

　　这首《浣溪沙》，字里行间无不透露着当时李煜和娥皇的深宫生活奢华惬意。日上三竿，穿透层层帘幕照进宫殿，而昨夜莺歌燕舞的狂欢还未结束，大殿上金炉里的熏香已经快没了，宫女们鱼贯而入依次往里填着熏香，香气缓缓散开，令人沉迷，眼前的美人们脚步轻盈，来去之间弄皱了地上铺着的鲜红锦毯，而自己，在和周娥皇吴侬软语。

这个本应该坐在宝殿之上会文武百官听民间疾苦的早晨，因为彻夜的笙歌曼舞，国君还在温柔乡里意犹未尽。

周国平在《把心安顿好》一书中写道："世界上有一些东西，是你自己可以支配的，比如兴趣和志向，处事和做人，那就在这方面好好努力，至于努力的结果是什么，也顺其自然吧。"

李煜似乎就是这样，放弃了不可支配的固定主线，却在可支配的兴趣和志向上大放异彩。

他大概是忘了，自己作为一个国君的责任，又或者是他压根都不想去想起，也不想去承担。所以早朝也好，政事也好，奏章也好，他统统都不管不顾了，在他看来，有什么，能比得上饮酒作乐的快乐呢？

在政事上，李煜获得的评价就和文学上的评价截然相反，他哪怕身居高位，却仍然只享受着这个位置所带给他的便利——那就是肆无忌惮的随心所欲，做个悠然的富贵闲人。

他的诗将这样一个宫廷中极端奢华的画面呈现在我们面前，金炉、红锦、金钗，那些彰显着李煜尊贵无比身份的东西，平民百姓见都没见过想都不敢想的东西，李煜却看都懒得看一眼。

因为是一国之君，因为是皇帝，所以连作乐，都比寻常人家奢侈无度。

周娥皇就陪着李煜这样放纵下去，这样妙龄且国色天香绝代佳人，李煜对她当时可谓是专房之宠。

这里面，除了李煜自身的用情至深，也少不了周娥皇自己的聪慧敏捷。

　　娥皇聪敏，琴棋书画无一不会无一不精，作为那个时代的女子，她可以实打实地称上一声"才女"了，更何况还有着不俗的琵琶琴艺，那是得到过先皇李璟赞赏的琴艺啊，如此女子，实属难得。而李煜，也并非莽夫俗子一个，是先皇选中坐上这个位子的人，是与娥皇相配的人，又怎会是一个粗人？

　　历史记载，李煜擅书画，柳公权、欧阳询、颜真卿、卫夫人，他都临摹学习过，并结合所有，自创了"金错刀"字体，风格瘦硬，陶谷《清异录》曾云："后主善书，作颤笔樛曲之状，遒劲如寒松霜竹，谓之'金错刀'。作大字不事笔，卷帛书之，皆能如意，世谓'撮襟书'"。

　　而李煜的画作，宋代郭若虚的《图画见闻志》曰："江南后主李煜，才识清赡，书画兼精。尝观所画林石、飞鸟，远过常流，高出意外"，可惜无画传世于后。

　　皇宫的生活日复一日总是枯燥无味的，可李煜和周娥皇，总是能将枯燥的生活编出诗意的画卷。

　　对于娥皇精湛的琵琶琴艺，李煜很是引以为荣，靡靡琴音，令闻者无不情绪波动，进入到忘我的境界。"别有幽愁暗恨生，此时无声胜有声。银瓶乍破水浆迸，铁骑突出刀枪鸣。曲终收拨当心画，四弦一声如裂帛。东船西舫悄无言，唯见江心秋月白。"

　　平日里的吟诗作对，抑或是奏乐起舞，相顾无言脉脉不得语，这些细碎的时光，都深深地刻在了李煜的心里。第一次有一个人，和自己如此合拍，才情相同，性格互补。这大概是多舛年华里，时光锁馈赠给他最好的礼物了。

每每李煜书房挥墨，周娥皇总是挥退下人，亲自研磨，在这静谧的时光里，到底是满室墨香，还是满室春光旖旎，就不得而知了。

如此有情趣的女人，在古代这样的特殊时期，还真是不多见，不同于迂腐妇人的无知，她仿佛总有一种能力，能够安定李煜焦躁的内心，能够化解李煜烦恼的思绪，得此妙人，实乃幸事！

周娥皇之所以如此善解人意，她的成功，是因为她比任何女子都有自知之明，她不妄自菲薄，更不得意忘形，她深知自己的迷人之处，也知道自己的性情短板，她能够洞悉爱人心底最细微的诉求。

她在思想上贴近他，并以身体温暖他，如春风拂面吹走阴霾，如润物无声滋养心田。她用女性与生俱来的优势，将与李煜的爱情道路，铺就得更加平坦和长远。

李煜也深知此女可遇不可求，感叹如此身心契合的佳人，便是这天下，也再找不出第二人了。

或许，他这看法还是太早了，不过在当时，李煜也是全身心投入到这场爱情和婚姻中去的。

《一斛珠》

晓妆初过，沉檀轻注些儿个。向人微露丁香颗，一曲清歌，暂引樱桃破。

罗袖裛残殷色可，杯深旋被香醪涴。绣床斜凭娇无那，烂嚼红茸，笑向檀郎唾。

这首充满爱人之间情趣意味的词，实在是香艳。不得不说，这首词香艳之余，却又生动传神地将美人晨起梳妆时的神态细细刻画，轻点朱唇微张，小露丁香小舌，面含笑意，后又樱桃小口微启，流露出一曲清歌，红润的双唇吟唱间如同樱桃破。

但这样的"艳词"，《窥词管见》中就强烈地抨击批判过，"予曰，此娼妇倚门腔，梨园献丑态也。嚼红绒以唾郎，与倚门市而大嚼，唾枣核瓜子以调路人者，期间不能以寸……无论情节难堪，即就字句之浅者论之，烂嚼打人诸腔口，几于俗杀，岂雅人词内所宜。"

一字字一句句无一不是批判这首词太过香艳露骨，倒像是一首淫艳之词，怎么会是雅人词里所能出现的？

这个阶段李煜的诗词创作，确实情趣和奢靡大过了艺术价值。

可是李煜是一个帝王，他掌生杀大权，在一定意义上，雅俗之别，也不过是他的一句话而已。这种闺房之乐，在他看来，不过是与周娥皇的生活情趣，又何须上纲上线加以批判。

下阕里描写了饮酒宴会间，小盅慢饮似乎还不够过瘾，换过粗口大杯豪情对饮，哪在意污湿罗衣？

词中的点睛之笔，"绣床斜凭娇无那，烂嚼红茸，笑向檀郎唾"，笑嚼着红嫩的草花，向心上人唾个不停。此句颇为传神，将男女情人之间娇憨可爱的情趣之事描写得生意盎然。

"懒起画蛾眉，弄妆梳洗迟"，周娥皇就是这样一个在晨起弄妆时，将女人味展现得淋漓尽致的人，罗袖上沾染了沉檀美酒，被浸湿的那两块暗色相互晕染，酒越喝越多，直到嘴里的酒气大过了洒出的酒气，美人已经微醺，面颊微红，娇憨至极，软若无骨得依靠在绣床上，同李煜调笑着。

将美人袅娜姿态生动得描绘出来，使人读来如在观画，生动具体又贴合美人的神态。

关关雎鸠，在河之洲，窈窕淑女，君子好逑，如此娇女子，檀郎如何不心生喜欢?

婚后生活对于李煜与娥皇来说，犹如鱼游深海，惬意自由，哪怕是短暂的分别，都让二人互相思念至极，仿佛花样年华的少年少女，一日不见，思之如狂。

《捣练子》

云鬓乱，晚妆残，带恨眉儿远岫攒。

斜托香腮春笋嫩，为谁和泪倚阑干?

这首词写女子春怨相思的小词，大约就是写于二人的短暂分别之时，不思容颜乱，倚栏远眺，托腮思念着爱人。

或许情爱就是这样，一日的分别便是三秋的思念，满到溢出。

唐圭璋在《词学论丛》中赏析这首词："这首词所写的美人，不是艳妆，也不是淡妆，是一个乱头粗服的美人，有'天寒翠袖薄，日暮倚修竹'的矜贵，加上了愁恨的态度。"

正如况周颐《蕙风词话》中云："以画家白描法形容一极贞静之思

妇，绫罗之暖寒，非深闺弱质，工愁善感者，体会不到。"

而画家的画笔都描绘不出的情思，在这首词里寥寥数字刻画出了思妇的相思之情，由此也可见李煜描摹形态、抒写情性的高妙水平。

而这样高妙的抒情写词的手法，不过由于两人的爱之深情之切，难舍难分。一个才情无限貌美如花的女子，一个俊秀无双情深且长的男子，两人的结合，就如这个时间最美的一场花事，绚烂多姿。

而周娥皇，也不只是个在李煜词里的美好女子，她精通音律也不是说说而已，周后还为李煜做过一支《恨来迟曲》。不仅如此，据史书说，在一次赏雪夜宴之后，二人对饮，酒至半酣后的周娥皇举杯邀李煜起舞助兴，李煜故意刁难，调笑着说："汝能创为新声则可矣。"

言下之意，"若要我起舞，除非你能为我新谱一曲。"周娥皇听后立即唤来笔墨纸砚，不需片刻，便谱成新曲，弹奏一番，听来果然优美动人，李煜也就信守诺言为妻子的新曲伴舞。这首曲子因此得名《邀醉舞破》。

可不要小看当时周娥皇的即兴编曲，若是没有高深的音乐造诣，如何能在顷刻间就谱好一曲？更不要说，当时的曲谱，并不像现在这样，它只有"宫商角徵羽"。

那一夜周娥皇的才情让李煜记忆深刻也颇为欣赏。他没想到，这个"命运馈赠的礼物"会有如此的智慧，并不像当初的母后那般柔弱，也不像深宫之中那些搔首弄姿，只为攀附着男人才能活下去的女人。

周娥皇除了如此高的才情，也常有小女儿的一面，也有自己的小嗜好。

传说她爱好各种香粉香薰，乐于置身香风薰雾，常常收集各种香料亲自制作熏香并赠予宫中之人，李煜也曾多次收到过娥皇赠送的香粉。

自己喜欢的女人有这么点小嗜好，李煜自然不会拘着，甚至还亲自为她专设司香宫女一职，她所使用的焚香器具都是以金银玉器精制而成，其中有名目的器皿多达数十件。

如此大手笔只为博美人欢心，这样奢侈的程度，前朝百官早就看不下去了，纷纷上书谏言，可是那又怎样？

这些劝诫的话李煜听得心烦，索性将朝政之事都交给了当时的心腹大臣。从此，皇宫外的万里河山怎样，皇宫外的南唐百姓怎样，都不在他关心的范围之内。

李煜和周娥皇，一对帝后，更像个生在富贵家里的小夫妻，整日悠闲度日，来宴饮作乐。这世上，没有什么比吃饭睡觉和纵情声色更大的事情了，二人眼里只容得下对方，再无其他。

可惜他们有着更尊贵的身份，也有着更重大的责任。

李煜这个贫瘠的帝王，的的确确是个丰满的诗人，富饶的才子，娥皇也的的确确是个佳人，二人相知更相配。

当初的先皇李璟怕是也看中了这才子佳人郎才女貌的一点，李煜的温润如玉、风度翩翩，娥皇的才情过人、娇俏从容，如此二人结合，倒是良配，于是大手一挥金口一开，便成就了一段良缘佳话。

可惜他大概不会知道，在朝堂之上，手握皇权的他们，却是和王位如此不合的一对。

周娥皇的才思敏捷，都没有用在规劝李煜上，而是用在了陪他闲时看花，雨时听曲上了。

对于仁贤，在周娥皇这，倒是没有的。

而李煜这样今朝有酒今朝醉的样子，也完全不像是之前因初登帝位而忧心烦躁的他。如今他只为了自己而活，在享受了皇权所带来的便利和奢侈同时，也放弃了他该承担的责任，所有朝政，都交给了亲信。如此皇帝，倒是活出了许许多多帝王想而不能的样子。

真是"国家不幸诗家幸"！

在最好的年华里有最爱的人在身旁，有享不尽的荣华富贵。在李煜看来，这大约就是最好的生活，最快意的年华。他用诗词将这段生活编织成永不凋谢的璀璨宝石花，镶嵌在南唐这段灰暗的历史里，将这样的灰暗生生撕裂开一个口子，照进最刺目的光芒。

"人最宝贵的东西是生命和心灵，老天给了每个人一条命，一颗心，把命照看好，把心安顿好，人生即是圆满。"

李煜的一颗心，都在叫嚣着放纵生命，肆意而活。对他来说，这便是最好的心愿，用一场有限的生命，让自己得到无限的快乐，而不是被人世间的凡事束缚，照着既定好的路行走。总要不负这春光，总要不负这佳人。

而作为一个荒唐的君主，他不恤朝政不管百姓，整个人披着皇袍却又游离在皇位的边缘，做一切与皇权背离的事情，随心所欲，耳朵里都是管弦丝竹琵琶声，肆意地用皇权所带来的荣华富贵快活自在。

这是极度不负责任的体现，可偏偏我们却被他的才华横溢和凄美的诗词勾住了魂魄，同他一起喜悲，一起感叹"天教心愿与身违"。

在这个纸醉金迷的南唐下，除了帝后二人生活上的奢靡无度，在各种细节上，都能看出当时的朝政腐败。传言南唐灭亡，众多后宫女子被俘去宋朝，到了夜间均闭眼流泪，始初，宋朝人以为只是夜间思乡，想念国家和亲人，后却发现她们每每夜间均闭眼不语，询问才知道，竟是因为油灯烟大，熏了眼，后将油灯换为蜡烛，众人依旧闭眼，宋人诧异问，南唐夜间以何物照明？众人答曰，南唐宫殿每至夜间，宫人均在室内悬挂如拳般大小的夜明珠，使室内亮如白昼。

这样奢华的作风，其实不是从李煜开始的，他只是延续了，在他之前的李璟，动用大量人力财力，兴建了千春阁，百尺楼；除此之外，在李璟晚年时期，还在南昌兴建了宫殿，称之为南都，并迁往此处。

中主李璟和后主李煜，皆无开国皇帝李昪的简朴作风，他们没有烈祖那般经历，不知道什么叫苦，不知道衣不蔽体食不果腹的日子是什么样。老话说从俭入奢易，从奢入俭难，烈祖无疑是吃得了苦中苦抵得住奢侈的人，可中主和后主就不一样了，他们从小就生活在环境优渥的宫中，天下好物尽在此处，再让他们去勤俭，去体会艰苦的日子守住简朴的作风，怎么可能呢？他们可是从来没有体验过的啊！

果真是"贪欢"。

如果说生命是一场偶然，我们在其中寻找因果。每个人一辈子必有一件事是他一生的主题。这说明除了主题，还有副题。生活里有些东西是改变不了的。每个人的生活都有个主题，这是无法改变的。

　　那么守着这个只剩下半壁江山的南唐，便是李煜一生的主题了，而与周娥皇的恩恩爱爱莺歌燕舞，才是他的副主题，这是他无法改变的命运。可是他将应当做的事情放下，选择了一条自己想走的路去做了想做的事情，用了一整个南唐来换他和周娥皇的随心所欲。

　　于是在国势开始衰微之时，宫中却依旧大兴土木极尽奢靡之风。

　　在这样用金钱打造出的辉煌景象下，周娥皇也对文人雅士或宫廷之间取乐把玩的各种门道都精通无比，常常与李煜探究一二。

　　宫廷的禁锢内，他们的爱情并没有轰轰烈烈，却也琴瑟和鸣夫唱妇随，李煜喜好诗词，周娥皇便搜集来卫夫人的真迹，让李煜收藏和临摹，周娥皇擅琵琶，有了先皇赐给的烧槽琵琶，李煜便给她费时费力地找来了《霓裳羽衣曲》残谱。不问国事，却为了博红颜欢心便苦思冥想地搜集稀世珍宝来投其所好。

　　二人一起重新编写《霓裳羽衣曲》；他们在雨天里写诗吟赋，为娥皇写下《玉楼春》以记录与娥皇的生活，相互依偎，琴瑟和谐，真是心有灵犀一点通。

　　晚妆初了明肌雪，春殿嫔娥鱼贯列。笙箫吹断水云开，重按霓裳歌遍彻。

　　临风谁更飘香屑，醉拍阑干情味切。归时休照烛花红，待放马蹄清夜月。

　　词中无不体现了与周娥皇宫殿中笙歌欢乐的情形。众多鱼贯而入的宫娥婢女站列一边，奏乐响起，是重新编补的名曲《霓裳》，声声贯耳，响彻宫殿，高雅风流而不轻浮艳薄。

微醺过后凡事无忧，爱人在怀，纸醉金迷间有暗香浮动，如此"风姿绰约"的夜晚，如此良辰美景，怎能浪费？趁月色正好，踏马前行。

这大概就是李煜梦中一直想要的乐园，肆意驰骋，纵情声色，远离朝堂和政治。

可是无论多么繁华热闹，总会有曲终人散的时候，一切归于尘土，才是真正的结束。

可惜李煜看不破，又或许是他不想看破也不想说破，活在当下，就像周国平说的，当下即永恒，便是最好的了。

在《霓裳》的朗朗笙歌里，我们也似乎预见了，南唐这个庞大，却本就衰弱如同垂垂老者般的国家，就在这样的笙箫欢歌中，加快了走向了万劫不复道路的步伐。

结发为夫妻，恩爱两不疑

翻译家朱生豪和宋清如看待爱情时说："我爱你也许并不为什么理由，虽然可以有理由，例如你聪明，你纯洁，你可爱，你是好人等，但主要的原因大概是你全然适合我的趣味。因此你仍知道我是自私的，故不用感激我。"

李煜和周娥皇莫不过如此，如若非要找出一个理由，那便是爱周娥皇的娇嗔、聪慧、才思敏捷。可是，这世上，会娇嗔，也聪慧，且才思敏捷的人太多了，并不能说只有周娥皇才有这样的优点。只是因为她是周宪，是大周后，所以她的娇嗔和才情在李煜眼里便成了优点，不止这样，连同她的小脾气，小习惯，在李煜看来，都是优点。

而之所以情人眼里出西施，归根结底，是因为周娥皇全然符合李煜的趣味，恶趣味也好，高雅情趣也好。

朱生豪和宋清如，李煜和周宪，两对相隔了千年风霜的情侣，在对爱情的态度和选择上，竟是出奇的一致，像是个跨时空的倒影，同样的透彻和感动。

我们先不去想，若是李煜和周娥皇这样一对夫妻放在平凡之家里会摩擦出厌恶的诅咒还是真情的火花，也不管后事如何。单看这一世，周娥皇嫁给李煜的这些年里，李煜对娥皇宠冠后宫，就足以让世人羡慕。

当然我们也可以恶俗地猜测，他们爱情的升华，不过是建立在金钱的基础上。毕竟经济基础决定上层建筑，若是如烈祖幼时的环境，他们的诗词也好歌赋也好，所有的才情和情趣都变得一文不值，李煜就是个不务正业的浪荡子，娥皇也就是个难为无米之炊的妇人了。

这样的假设不过是人的臆想，终究是无意义的不能往下探寻的，不过李煜这个相较于古代三妻四妾后宫佳丽无数的古人，已经算是用情专一了。

爱情这东西不论古今，都有着摧枯拉朽般的魔力，两个人无论是一见钟情时眼神碰撞就犹开星河顿默般的激情，抑或是日久生情般细水长流犹如春雨润物细无声般的情感，都会使人得到无上的快乐。人生在世十七八九，却在确认了我爱你之后才茅塞顿开认清什么是爱，这种感觉美妙地驱使着世人前赴后继地沦陷着。

太美妙，太可爱。

这样的美妙和可爱，李煜一直深深记得，大概他如何也忘不了与娥皇的初见，就像"灿烂得犹如初升太阳的面纱，灵秀得犹如崖边的一枝百合，热情得犹如一株红色的玫瑰，散发着撩人的芬芳。她让我如此深深着迷。"

至此经年终不忘。

如此才子佳人，一对佳偶，在这钟灵毓秀的江南，一切美好得像一幅画一样。李煜恨不得将全天下的宝物捧到周娥皇面前，像个初经人事的毛头小子，心动着也行动着。

独宠娥皇一人，大概就是这封建时期女人的毕生所求了，于是在李煜即位后没过多久，同样的公元 961 年，他们的次子李仲宣出生了。

这个周娥皇看作心尖上的儿子，据说自小就养在娥皇身边，从不敢假手他人，这是连大儿子李仲寓都没有享受过的待遇。

"仲宣，小字瑞保，与仲寓同日受封，仲宣封宣城公，三岁，诵孝经不遗一字，宫中燕侍合礼，如在朝廷，昭惠后尤爱之。"

史书记载，这个孩子聪明异常，传承了父母俩的优点，乖巧可爱。

有了这个孩子，夫妻二人的生活更加浓情蜜意。

他喜欢娥皇，也喜欢孩子，更喜欢爱人娥皇为他生的孩子，他不想以后，他只期待着这样充满欢乐的日子能够持续得久一点，再久一点。

他们对着清冷的月光，许下海誓山盟，想着"死生契阔，与子成说，执子之手，与子偕老。"

所有白雪见证，所有月光见证，所有山川河流见证，所有天地间的一切见证。

我们无须去怀疑他们许下誓言时候的真心，因为每个许下誓言的人，当时都是抱着绝对的希望，希望梦想成真的。

结发为夫妻，恩爱两不疑。

欢娱在今夕，嬿婉及良时。

他们恩爱从不削减。在晴天，李煜用嵌有金线的红丝罗帐装饰墙壁，以玳瑁为钉；又用绿宝石镶嵌窗格，以红罗朱纱糊在窗上；因娥皇好梅，李煜便在屋外广植梅花，于花间设置彩画小木亭，仅容二座；李煜也颇爱此处风景，常与娥皇在此烹茶，吟闲词歌赋，抑或是在雪天的梅林中翩翩起舞别有一番闲云野鹤般的雅趣。只不过后来，这倒成了后主的伤心地了，这别有一番雅趣，也成了别有一番滋味在心头。

每每春至，百花盛开，就以隔筒为花器插花，置于梁栋、窗户、墙壁和台阶上，号为"锦洞天"。每年七夕生日时，李煜便与周娥皇整夜吟诗作乐，并命人用红、白色丝罗百余匹，作月宫天河之状，宛如仙境，而周娥皇舞于这人间仙境中，飘飘然如仙女下凡尘，美不胜收，直至天明才散去。而到冬季，窗扉外，寒气逼人，却唯有小苑温暖如春，每逢雪日，更是诗意盎然，惹人驻足。

瑶光殿内的宫人们都说，周后和后主之间的感情，倒是历代以来没听过更没见过的好，所谓琴瑟和鸣，也不过如此了。

一个聪明的女人，自然是知道如何让自己明艳照人，如何让自己荣宠不衰。

《南唐书》中记载，这位周娥皇，不仅是琴棋书画样样精通，更擅长女子之事："后主昭惠国后周氏，小名娥皇，司徒宗之女，十九岁来归。通书史，善歌舞，尤工琵琶。尝为寿元宗前，元宗叹其工，以烧槽琵琶赐之。至于采戏弈棋靡不妙绝，后主嗣位立为后，宠嬖专房，创为高髻纤裳及首翘鬓朵之妆，人皆效之。"

爱美不得不说是女人的天性，而一国之后，更是尤为擅长装点自己，岁月似乎对她格外照顾，从未在她身上留下过痕迹。

或许是爱情的滋养，李煜和周娥皇倒是少有争吵，两人恨不得整日耳鬓厮磨，过着真正有情饮水饱的日子。

这样的爱情放在现在，会让多少人心生羡慕，这大概就是年轻人追捧的爱情典范了。不谙世事的姑娘和少年，都以有情饮水饱为爱情的真谛，还不知道什么叫"贫贱夫妻百事哀"，但同时也不知道，帝王后宫三千佳丽，对一个人的忠诚也是如此得难得。

这样难得的，还有历史上唐太宗和长孙皇后的一段被后世传颂的爱情。

长孙皇后小字观音婢，在十三岁那年就嫁给了当时还不是皇帝，连太子都不是的李世民。

李世民登基后，长孙氏不仅尽力侍奉丈夫，她还曾劝慰朝臣支持他丈夫，待后宫嫔妃也很尊敬和睦，这样宽阔贤德的胸襟，对于一个宫中女人来说实在难得。

李世民每每在朝前忧心，回到后宫便喜欢对长孙皇后说起朝政，长孙皇后知道后宫不得干政，这样难免落人口舌，招人非议，便劝说太宗不要和自己聊朝政之事。

一次长孙皇后生病，唐太宗想以大赦天下来向上苍祈福，求皇后的病能早日康复，长孙皇后知道此事后立刻劝太宗打消了这个念头，并告诉太宗，自己不值得这样做，唐太宗感动不已，泫然泪下。

得此良妻，夫复何求？

长孙皇后的温柔贤惠，时刻感动着太宗，二人感情甚笃，以至于无论后来宫中后妃有多少，皇后，却始终只有这一个，后来长孙皇后去世，太宗建立高台以望能得见长孙皇后的情影，盼能依旧日日相见。

如果拿长孙皇后和周娥皇相比较，她们之间是有共通性的。都是在妻子这个角色里做得非常出色让丈夫怜爱的人，都是大家闺秀，惊才绝艳。可不同的是，长孙皇后担起了国母的角色，她的大度和包容，她的贤德和才能，她身上发生或经历的每一件事，都是足以称得上是母仪天下的；而周娥皇不同，她没有担起一国之后的责任，历史所留下来的史实资料只记载了周娥皇和李煜的爱情，只记载了她惊才绝艳的才情，并没有任何记载显示周娥皇曾经劝谏过李煜多顾朝政。

所以她只能是大家闺秀。

或许这不该全部归结为娥皇之罪，毕竟古代女子，夫为妻纲，丈夫本就醉心玩乐，不恤朝政，所以周娥皇也像是李煜的一个影子一样，同样地奢靡着，同样地不顾民生，她所学到的《女则》里，大概是只有陪伴了。

周娥皇没有自私地想要扩充娘家势力，也没有任何干预朝政的做法，更没有蛊惑李煜以此来获得什么。

周娥皇的陪伴，是精神上的追随，是妻子的位置上恰到好处的聪慧，是和李煜相匹配的才情。

弱水三千，只取一瓢。

歌德说："爱情里，你的话是我的食粮，你的气息就是我的醇酒"。

周娥皇就是那个总是能给予爱人最大限度的爱和诗情画意的浪漫的。大概李煜就是在这样食粮丰富、美酒醇厚的爱情里流连忘返，以至于他都快忘了，自己还是个一国之君。

李煜也给予了周娥皇足够的包容和帝王奢侈的爱情，也让周娥皇都快忘了，站在自己眼前的这个人，和自己同床共枕的这个人，陪自己吟诗作画的这个人，是天子啊！

她只记得闲时看花，雨时弹琴，于殿内高歌饮酒，在夜里缠绵春光。她只记得在瑶光殿的房间里，李煜提笔作画，她自窗外采来含苞欲放的梅花枝插入琉璃瓶中，微风过有暗香涌来，李煜取下一只插入娥皇的乌发间，两人相视一笑，默契无言。

历代帝王似乎对一个人从一而终的很少，似乎皇帝与生俱来的权利就是可以不用专情，也没有太多机会专情。他们大都秉持着只有更好没有最好的原则一路看花过，随手多采撷。

李煜并不是个绝对高度忠诚的人，只是在历史中的风流帝王里，他对娥皇算得上痴情专一了，后宫嫔妃也寥寥无几。

而娥皇似乎是被爱情和荣华遮住了双眼，她应该知道的，天子，自古风流。

情长有时尽，此恨无绝期

"青年男子谁个不善钟情？妙龄女人谁个不善怀春？这就是我们人性中的至神至圣。"

这样的话，若是放在一个已婚男人的身上，便不显得那么理所当然的至神至圣。或许真正的爱情，在我们看来，便是一心一意，一生一世一双人的忠贞不贰，哪怕激烈的爱情被时间的洪流冲淡，转而进化成更为隽永的亲情，也依旧不离不弃。我们要的生活，是平淡里的相濡以沫，而不是一时的激动热烈与冲动。

周娥皇与李煜的皇家婚姻爱情将近过了十一年。在这十一年里，有十年的时间，娥皇都全身心地沉浸在李煜给她的宠爱与陪伴里，也从来不会想到，这样一个对自己忠诚的爱人，也有多情风流的一天。

李煜和娥皇结婚后的第十年里，发生了一件大事。

娥皇病了。

　　至于生病的原因，没有找到任何史实资料有记载，我们大可以猜测，或许是常年的饮酒，身居高位，美食珍馐源源不断地送进宫，却极少运动；又或许是同李煜彻夜笙歌饮酒，至深夜，兴致起，在露台之上，乘着酒过三巡，面颊微醺，在这微冷的夜晚，娥皇起身乘风舞了一曲《霓裳》，那等仙姿，颇有"我欲乘风归去"之感。醉拍阑干情味切，看窗外月朗星疏风清，空气中似乎还有着一股淡淡的香粉味道，是窗外的花香还是娥皇身上的脂粉香，李煜也早已分不清，待放马蹄清夜月，在这样一个情致高涨的夜晚，李煜携同娥皇一起踏马放歌。

　　却没料到如此清冷的夜晚，衣衫单薄的娥皇策马信步陪着李煜谈天说地，寒风侵体，却不想打扰和李煜这难得安静闲谈的静谧夜晚。

　　回宫后便觉头晕不适，大病了一场。

　　这场病让李煜心如刀绞，焦急地唤来整个太医院的人为娥皇诊病。

　　可娥皇之病深且无药可根除，于是娥皇便这样一日胜过一日地苍老。

　　李煜看着娥皇日渐憔悴的面颊忧心如焚，从来都谦和软弱的李后主，第一次面对着一群对娥皇的病束手无策的太医发了那么大的脾气，他开始害怕，害怕有些事情开始无法挽回地朝着自己最不希望的方向走去。

　　在娥皇生病期间，大儿子李仲寓来看过，服侍前后，他懂事的样子让娥皇心疼，可是才将他劝了回去，小儿子李仲宣又来了，这个三岁诵孝经不遗一字的孩子，娥皇最为疼爱的小儿子，趴在娥皇的床边，软声软气地问着："娘怎么了？怎么不陪宣儿一起玩了？"

　　娥皇刚刚止住的眼泪一下子就涌了出来，她看着儿子伸手轻轻地擦拭着脸上的泪水，便笑着对儿子说："别害怕，娘只是累了睡一会，过几天就好了陪你玩呢！这几天，你就找大哥玩吧。"

或许是从哪个碎嘴的小宫女嘴里听到了太医说过的话，娥皇也没想到，自己不过是寒风入体啊，怎么会这么严重，她看着小儿子稚嫩的脸庞，忽然捂住被子痛哭起来。

这几天里，她从没在李煜的面前掉一滴眼泪，她害怕夫君本就柔软的心更加难受。

她不要李煜为她难受，她只想他开开心心的，像以前一样。

可怎么回得去以前呢？李煜在得知娥皇病后，像个细心的长者，又像个胆小的孩子，害怕眼前的人，在某个时刻，在他梦醒时，或转身时，突然就消失了。

那时候，若是说有什么能让李煜痛心哀哉的，这天地间，除了这个气息奄奄的南唐以外，便是娥皇了。

对于南唐，他并不想背负这么大的责任，一切不过源于他姓李，祖父的建国，父亲的守国，传到了自己这里，江河日下，还能守得住吗？

对于娥皇，在他看来便是这破碎山河里，混沌天地间最娇艳明媚的那朵花，也是他痛苦内心的一份慰藉，驱散了人生的阴霾，恰似"轻罗小扇白兰花，纤腰玉带舞天纱。疑是仙女下凡来，回眸一笑胜星华。"

在遇见娥皇之前，他以为人生不过如此，几十载春秋，或许就这样凄凄惨惨地过了。站在权力的顶尖，他也曾终日忧愁，盼岁月快点走，好抛却这凡尘事。

可在遇到娥皇后，他开始感叹人生一瞬太短暂，为何不能长少年？

如今还未苍老，却要面临诀别，当他看到形容日渐枯槁的娥皇时，他终于崩溃了。

人生似乎处处与他作对，他曾经以为只要躲避就能获得想要的安宁生活，却不想事与愿违。得遇娥皇，他以为这人生从此圆满，却不想老天是如此薄待于他，让他心爱的人，饱受病痛的折磨。

一切生命都有界定，没有什么是能够万世长存的，李煜开始透彻地明白，与娥皇的感情也不过是人生一瞬，或长或短，都会泯入历史洪流中，他所能做的，不过是抓住当下，将当下的情感化为永恒。

心中期盼，能够月长圆，人长久。

玉树后庭前，瑶草妆镜边。

去年花不老，今年月又圆。

莫教偏，和月和花，天教长少年。

这首《后庭花破子》便是李煜在这样挣扎的生活中所作。

"玉树后庭前，瑶草妆镜边"，虽是写景，却也在无形中透漏出富贵华美之气，"去年"和"今年"并非真的特指某一时间，而是泛指所有恩爱美好，随心所欲的日子，哪怕只是看云卷云舒，等花开花落，这一切，因为身边的人，因为年轻的心，都是美好的事情。

并且深切地希望如此美好的生活不会随着时间的推移而消失，花谢了依旧会盛开，月有圆缺，也会实时变化而不是一直残缺。这些都是美好的事物，在人世间，都是永驻长存的。

"玉树"是传说中的不死仙树，"瑶草"也为仙草，都是不老不死的仙物，这些事物都表现出了当时的李煜对青春年少美好韶华和对爱人娥皇的眷念和不舍。

李煜心中也感慨良多，多希望这一切不要有变化，让这年少美好又珍贵的时光如同这花月一般永驻！

可是啊，青春须早为，岂能长少年。

在李煜前期的作品中春怨秋闺伤春悲秋的词有很多，词中都是对人生的感叹和希望，以及身在青春年华里的不羁和放纵，这首词却情真意切地在描写自己对年轻的企盼和依恋。

人总是在得到时肆无忌惮，接近失去时开始患得患失，失去后又悲痛万分。

这首词中李煜表现出来的企盼和眷恋，究其根本原因，还是因为他在放纵时对生活的底蕴并未有更深的感触，以至于并不能真正体味到失而弥珍的道理。而如今经历了娥皇重病，开始感慨人生匆匆韶华易逝，失去的并不会在往后的某个日子里以某种形式或方式再次出现。

世人都是这样，总会在人到中年或暮年时回望曾经做过的好的或坏的，骄傲的或悔恨的事，已经回不去了才发现时间对谁都是公平的，短短数十载，就像手中沙，抓不住的，流逝的已经太多了，剩下的日子才会显得弥足珍贵。

真的体会到眼前的这一切将失而不能复得时，他开始真正对这一切产生深深的依恋，对未知恐怖的未来充满恐惧和忧虑。就像航行在大海，一帆风顺的海域过去了，往后就是礁石丛生的深海，究竟有什么风浪谁也不知道，因为未知，所以更加恐怖。

李煜人近中年，开始患得患失，开始害怕所有的人事物以无论哪种方式消失于他身边。对他来说最重要的人，便是周娥皇了吧，他害怕娥皇离他太远，于是整日整日粘着她形影不离，较之过往更甚，娥皇曾调笑，越老越小，倒像个孩子了。

眼看着娥皇日渐消瘦，李煜心疼不已，便宣娥皇家眷入宫照料，以解娥皇的思亲之情。

周家派来的是娥皇的亲妹妹，周嘉敏，小号嘉敏。

我们如果跳出李煜娥皇情深意切的这个圈子，以当时世俗的、恶的眼光来看，周家是不是也另有所图？

周家长女已经病入膏肓，嘉敏是被家里选出来进宫侍疾的，还是李煜亲口点名宣进宫的，我们都不得而知。

正值十五六岁的年纪，含羞带娇的嘉敏就如初生的骄阳。娥皇当年和李煜结婚时，嘉敏才五岁，她比娥皇整整小了十四岁，或许当年李煜和姐姐娥皇的大婚，嘉敏连多余的印象都没有，她们姐妹二人的感情倒也深厚不了多少。

嘉敏是第一次入宫，宫内富丽堂皇，多的是没瞧过的花草和珍宝。新奇的东西不少，在九曲回廊间，碰到了姐姐娥皇的丈夫，嘉敏的姐夫李煜。

恰逢李煜孤身一人从议事房出来，本就心烦意乱的李煜在宫内看到了娇俏可爱的嘉敏正在园中采花。

什么叫惊喜？大概这时候的李煜算是懂了个彻底，这样的惊喜，怕不比初见娥皇时小，也是这样心烦意乱愁苦不堪的时候，如同闷热夏季的一场及时雨，雨后有清新的泥土气味，干涸的心灵也像是经历了一场雨水的滋润，突然从心底深处，破土而出一棵嫩芽，呼吸间唇口都有清新的香气。

他不过是个寄情诗词的国君，虽高居九五之位，心中却只有娥皇这个灵魂契合的爱人，如今娥皇形容消瘦，以后的日子，他该和谁谈天说地，开怀大笑。

在百花丛中，看见如此一明媚少女，嘴里轻轻哼着江南小调："江南荷采莲，莲叶何田田，鱼戏莲叶东，鱼戏莲叶西。"李煜就像是看见了当年的娥皇一般，心下一动，朝着那个和娥皇有几分相似的脸问："可是小妹嘉敏？"

古代的世家大族，向来将女儿养在深闺，嘉敏自是如此，这大概是她及笄后第一次如此近距离地和一个陌生男子相处。

此时的李煜，正值二十八岁，周身自带天子贵胄的华贵之气，看得嘉敏低头久久未语。

而舞勺之年的嘉敏，浑身上下都洋溢着活力和青春，也有着少女纯情的羞赧，末了，才轻声答道："正是。"

仅这一次的见面，嘉敏就如同暗夜里的璀璨星辰，忽然照亮了李煜连日来的苦闷心情。

他实在是太需要一个纯情的少女用勃勃的生机和洋溢的青春来供奉他这个以肉眼可见速度苍老的心灵了。

嘉敏于李煜，大概就是一场解渴的春雨，一阵夏季的微风，一轮冬季的骄阳。

而李煜于嘉敏，却不只是烈火骄阳这般深奥了。

嘉敏情窦初开。曾经在话本上看过的戏文，英俊浪子爱上婀娜姑娘，深闺高墙和门第之别将他们阻拦，于是相约一个投河，一个自挂东南枝。

如今这样英俊的男子，就仿佛是从话本里走出来的，活生生地就站在自己的面前，符合所有主角该有的样子，满足了自己所有的幻想。

"陌上人如玉，公子世无双。"

低头看着自己的绣鞋，嘉敏半天再没有言语，李煜也看着她沾满花园里泥土的小鞋子，暗自笑笑，在他眼里看来，嘉敏鞋面上的泥点子，都青春活力得可爱。

嘉敏的美在于，她的灵动娇憨，如一颗初升的太阳，带给李煜的感觉是希望。

"随我去殿里梳洗一下吧！"

李煜开口，嘉敏只是娇羞地点头，安静地跟在李煜身后，往别殿走去，偶然碰见几个宫娥，对李煜毕恭毕敬不敢造次，却偷偷地看了嘉敏好几眼。

聪慧如嘉敏，儿时虽说见过李煜，却也经年之久记不清长相了，如今看来，眼前品貌非凡的男子便是姐夫无疑了。

这样想来，嘉敏不免为方才对姐夫的乱想羞涩得面红耳赤，他是姐姐的夫君啊，我怎可如此想。

嘉敏的心思李煜自然是不知道的，李煜在前头引路，一回头，却让嘉敏撞了个满怀，低头思索的嘉敏，根本不知李煜是何时停下来的。

只听李煜声音含笑："小妹，到了。"

这一次的初见，两人心中皆情愫渐生，却并未深入交流，而李煜心中的那棵嫩芽，顷刻间，长成了一整片森林。

翌日，李煜坐在殿内一边作画，一边想着见到嘉敏的画面，仿佛少女的馨香还萦绕在鼻尖，他想去找嘉敏，却又怕唐突了佳人，思索间心生一计，唤来下人带上几样糕点，随他一起前往画堂。

在画堂门口却不见人，于是唤来宫娥问话，才知道，嘉敏正在殿中酣睡未起，李煜进画堂时晃动了珠帘，清脆作响，之后便看见屏风后有人影晃动，原是嘉敏被珠帘声吵醒。

天气还没冷下来，殿内还有炎热的气息，嘉敏身着薄薄的寝衣，婀娜的身段若隐若现，好一个睡美人！李煜暗自感叹，睡梦中的嘉敏少了一丝平日的娇俏，多了一丝我见犹怜的安静。

嘉敏被晃动的珠帘吵醒，睡眼惺忪间，看见李煜正站在殿内，心下一惊，脸颊绯红，手足无措地拿起衣物躲在屏风后面，少女的心里除了惊讶，还有窘迫，生怕自己方才的睡姿不雅被李煜瞧见失了矜雅。

待嘉敏梳妆穿戴好后，才从屏风后走出，这一见，李煜只觉得眼前一亮，方才是酣睡中少女的楚楚动人，眼前是亭亭玉立的倾城佳人，只此一眼，就决定了嘉敏的未来。

那一日，他们把酒言欢，两个人仿佛忘记了初心，只为博得当下一瞬的欢愉。

李煜忘了缠绵病榻的娥皇，嘉敏忘了自己进宫的目的，又或者是，他们都故意不曾想起，想不负这美妙的感觉。

窈窕淑女，寤寐求之。求之不得，寤寐思服。悠哉悠哉，辗转反侧。

回宫后，李煜深觉此女之妙，世上难得。

是夜，辗转反侧，如今他终于参透，什么叫"寤寐求之"和"寤寐思服"。没想到经年不见的小妹嘉敏，如今已经出落得如此亭亭玉立，如清晨朝露般正是豆蔻青春，初见她的美好使李煜意犹未尽，内心波动万千，久久不能平静，于是起身，站在书桌边久久不语，只挥笔写了一首《菩萨蛮》。

蓬莱院闭天台女，画堂昼寝人无语。抛枕翠云光，绣衣闻异香。
潜来珠锁动，惊觉银屏梦。脸慢笑盈盈，相看无限情。

与另一首《菩萨蛮》不同，词的上阕写情郎初入少女居处，窥见少女妩媚的睡姿和神态的情景。

其实从"蓬莱""天台"及"画堂"等也可以看到，这首词描写的女主人公不会是普通女子，这位蓬莱仙女，在画堂中休憩，整个画堂都静谧无语。

这位"天台女"躺在榻上，枕头边，一头浓密的乌发铺散开来如一块光亮的宝玉，天气微热，熟睡少女的绣衣散落一旁，有阵阵香气四溢。

进门时，珠帘叮当作响，惊醒了少女的美梦，正要发怒，一睁眼，却看见了眼前的俊逸公子，转而笑意盈盈，二人虽脉脉不语，却情意绵绵。

李煜以欣赏的眼光描摹出少女"昼寝"的美好仪态，又从闻到"异香"的角度表现出情郎既与少女相处甚深，又对少女挚爱有加，充分展现了李煜当时的情态和心理。

词的下阕写少女醒后与情郎欢会调情的情景。本是"潜来"，却因心急情切而碰响"珠锁"，惊醒了少女的美梦，这本是煞风景的事，但因二人之间情深意切，反而更有了情调和气氛。

结尾两句是点睛之笔，一个"无限"仿佛把千言万语都说尽，把万千柔情都化出。"脸慢笑盈盈，相看无限情"，这句词使人读来仿若一幅画，画中男女相视而笑，眼中脉脉含情。

试想，一对情侣相见，自是有千言万语都融化在了一个盛满浓浓爱意的眼神里了。

整首词虽然含蓄，却将少女再见到至亲之人那一刻的神态和情意刻画得异常生动，读来使人回味。

在写完这首词后，李煜思索万千，唤来宫人，将这阕情词装好，送去画堂，交给了嘉敏。

收到这阕情词的嘉敏在看完后面红耳赤，立马认出，这词中所写就是自己，俨然是情人之间的"小故事"，可那时候的嘉敏，理智还未完全被消磨，她还记得，自己进宫，是为了照料长姐娥皇的。

古往今来，都说爱情是不可控制的，星星之火，皆可燎原，男男女女为情所动抛却陈规旧制，尽情畅享在爱情所带来的欢愉中。

难道这些陷入情爱的女子都是忘了矜持和《女则》吗？不是的，她们都没有忘，不过是因为爱情的滋味值得她们付出任何的代价，哪怕不顾矜持不顾《女则》所训，也要随着情郎一起享受着情爱滋味。

更何况李煜如此赤裸又炽热地对嘉敏表达了自己的爱意，单纯如嘉敏，自然是毫无招架之力，只能一边心中不安，一边又深深地陷入了李煜为她营造出的美好爱意里。

不日，李煜便约嘉敏别殿幽会，虽是别殿，却仍旧到处都有李煜奢侈浮华的作风，红锦铺地，珠帘玉屏，无不彰显着这个皇宫挥金如土的奢靡。嘉敏张望着殿内的光景，生怕弄脏这美丽鲜艳的地毯，也怕脚步声惊动了旁人，便脱下鞋子赤足行走。

在这个余热未散的傍晚，嘉敏穿着飘仙薄纱，细密的汗珠聚在遥鼻上，身上薄纱也被汗水染湿，纤纤玉指提着绣鞋，白嫩的小脚，如同葱白藕段，看得李煜心生荡漾。

嘉敏匆忙间不小心撞入了李煜的怀里，李煜感受着嘉敏娇小的身子所带来的青春活力的气息，满怀都是少女身上独有的香气。

嘉敏如触电般向后退去，却不想被李煜紧紧拥住，这几日对嘉敏的思念如狂，恨不得倾泻而出，如今佳人就在自己的眼前"投怀送抱"，他怎可错过良机。

二人就这么紧紧相拥，嘉敏不敢言语，手渐渐抱住李煜，一下子面色通红，两只耳畔的粉色落在李煜的眼里，倒是比花还娇，比晚霞还艳。

这里是清净美丽的别殿，到处布有珠帘与幕布，风一吹，殿内叮当作响，大有飘然仙境之感。

良久之后，李煜才牵着嘉敏软弱无骨的柔荑，一同坐在殿中的小几边，张口便问道："小妹如今可有婚配？"

相处直到夜深，一个是风流才俊，一个是明媚少女，两人心中对彼此的好感倍增。李煜对嘉敏的渴望表现得更赤裸，连婚配之事都聊到了。嘉敏同样一边渴望着这样处境暧昧却又炽热的爱情，一边内心却有不安，一边是姐夫，一边是如玉情郎，内心的天平，在不知不觉间，已有了倾斜。

回到寝殿已是深夜，李煜左思右想，脑海中刚刚与嘉敏的相遇让他神魂颠倒，起身点灯，写下了一首词。

花明月暗笼轻雾，今宵好向郎边去。
划袜步香阶，手提金缕鞋。
画堂南畔见，一向偎人颤。
奴为出来难，教君恣意怜。

这首《菩萨蛮》便是李煜与嘉敏著名的"偷情诗"。

与上一首不同，这次李煜是以少女的口吻来描写的偷会之境，以嘉敏的口吻，描写了"花开月暗"的晚上，花香阵阵袭来，月影婆娑，雾气朦胧，莫要辜负这大好时光，如此良夜，正是与檀郎谈情私会的好时候。

等到夜深人静，迫不及待地怀着兴奋的心情，怕被脚步泄露声音，左顾右盼间脱下金缕鞋，光着袜子一步步迈上花香弥漫的香阶，手里还轻轻地提着那双鞋。

在画堂的南畔，情人早已等候多时，两人欣喜相拥，心里还在紧张这一路的小心翼翼担惊受怕，但在见到情人的那一刻，便觉这一切都值了，依偎在你的怀里，内心仍不停地发颤。

这一句中，一个"颤"字，将幽会情人时的紧张仓皇之感描写得淋漓尽致，也从侧面反映出了少女对情郎的喜爱之情与想要会见情郎的急切之感。

出来见你一次是多么得不容易，今天晚上我要让你尽情地把我爱怜。

这个被王国维称为"专作情语而绝妙者"的国主，也让我们看到了他不一样的另一面。偷情幽会，明明这样见不得光的情感，却无法在此中寻找到不堪的痕迹，相反，竟全篇都是一种少女约会时真挚浪漫的感情基调，读来不免让人心动，也充满对爱情的神往。

若是说娥皇如同精神契合的知心老友，那嘉敏便是让李煜神清气爽的精神鸦片。

已经不知道多久，再也没有少年时这样轻松无拘束的感觉了，嘉敏的娇笑与羞涩，就像是给他日渐苍老的心注入了新鲜的血液。

他们好像集体失忆了，如此情真意切，倒是忘了，娥皇还在病榻之上痛苦挣扎。

她在这段皇家婚姻里，从没想过会有什么坎坷波折，那些后宫中可能会有的钩心斗角，都被李煜用专心不二的爱意驱散了，娥皇要做的，就是全身心地信赖他依赖他。

过去的九年都是幸运的，宠冠后宫，朝夕相处，琴瑟和鸣，不愁后宫之事，也许是这样的好日子太多了，太顺心了，人总是要度过一些波折的。

《南唐书》中有记载："大周后病重，见小周后在宫中，惊曰：'汝何日来？'小周后尚幼，未知嫌疑，对曰：'既数日矣'。后恚怒，至死，面不外向。"

"至死，面不向外"，我不知道当时是何种情况，但是单这一句话，我们也能透过字里行间，感受到娥皇当时的无助、痛苦和绝望；并且怀着绝望，至死不休。

那是一种怎样的心如死灰？

一个人，本就在这世上时日无多，却在最需要安慰的时候，知道了自己最亲近人的背叛。在她病重时，弃她于不顾，却和自己的亲妹妹有了私情。或许在娥皇病重期间她还想着，若是有一天病愈，要与李煜执手看梅花，看尽江南风光；她也许还想着，若是就这样一病不起，最后郁郁而终，她该怎么安慰丈夫？也许是告诉他别伤心，人死如星辰，明灭闪烁都是天意，活着的人要好好的。

她还害怕，她离开后，无人问他粥可温，无人与他立黄昏。

可想过如此种种，最后却抵不过胞妹的青春年少，想过如此种种，都抵不过现实的残忍不堪。

生命里曾经有过的灿烂荣华，如今到头，要她用眼泪偿还。

电影《一公升的眼泪》里，女主角亚也知道了自己的病症难过哭泣时，医生安慰她："人啊，总是要抱着一两个痛苦活下去的。"

而娥皇怀抱的这个痛苦太大了，恨不得要抵消掉过去所有的好。

大概至亲给予的打击和痛苦，是这世界上没什么能够比得过的。

她曾在病榻上感动于李煜的悉心照料，也愧疚于李煜的悉心照料，因为不知道还有没有机会再去偿还。这么多的日子，她躺在床上浑浑噩噩，时而清醒时而昏迷，她似乎知道自己快不行了，每次醒来，也一句话都不说，就这么呆呆地望着屋顶，眼睛眨也不眨，直到两行清泪落下，才闭上眼睛默默无语。

妹妹嘉敏与李煜之事让娥皇备受打击，本就朽木将歇的身体，恨不得一瞬间就要油尽灯枯。

你是我的爱人，可我已经是你的旧人了。

终于，娶了娥皇这朵红玫瑰，经年之后，还是会如一抹蚊子血，敌不过另一朵白玫瑰的床前明月光。

"人与人的相遇，是人生的基本境遇。爱情，一对男女原本素不相识，忽然生死相依，成了一家人，这是相遇。亲情，一个生命投胎到一个人家，把一对男女认作父母，这是相遇。友情，两个独立灵魂之间的共鸣和相知，这是相遇。"

曾经娥皇于李煜，除了是天作之合的爱情伴侣，也是患难与共的家人，更是灵魂思想高度默契的友人。

娥皇曾带给李煜的惊艳，一曲《邀醉舞破》不仅惊艳了李煜，更惊艳了他们的爱情时光。

当年与爱人生死契阔相约白头的她，一心只想把那份感情守成天长地久的她，可曾想到会在有生之年的今天，亲耳听到他将所有期待和希望摔了个破碎。曾以为那个人就是自己的一生，自己唯一的爱人，孩子最敬仰的父亲，谁料到一朝梦醒，那个唯一，就站在了另一个人的身边。

过去的踏马放歌清月夜，过去的恩爱相知两不移，过去的绣床斜凭娇无那，烂嚼红茸，笑向檀郎唾，对于如今来说，昨日种种譬如昨日死，全都失了颜色被埋在了心脏里，无人回想无人问津，无人为其树碑立传。

共度十载春秋，回想起每一次的耳鬓厮磨和吴侬软语，娥皇都如有锥心之痛，瑶光殿内的寒梅要开了吧？可惜我不能陪你去看了，也不想陪你去看了。

往事历历仍在目，喑哑无言心如死。

就像陆游的《钗头凤》写道：

红酥手，黄縢酒，满城春色宫墙柳。东风恶，欢情薄。一怀愁绪，几年离索。错、错、错。

春如旧，人空瘦，泪痕红浥鲛绡透。桃花落，闲池阁。山盟虽在，锦书难托。莫、莫、莫！

思君如满月，夜夜减清辉

如果说，得到一样东西，就意味着另一样东西必定要失去，那么李煜失去的东西太多了。得到了皇位，失去了自由；在北宋铁拳下得到了偷安，却失去了尊严；如今，得到了明媚的嘉敏，他还会失去什么？还能失去什么？

时光消殁，回忆浅淡。曾以为白头到老恩爱不减的容颜，在一次次的心灰意冷中，在独自一人的怀念中，在苍白无力的描绘中变得黯淡颓然，如水的光影年华似乎最喜欢将每一份炽热的感情漂洗过滤，让他们看清，光阴荏苒，经年之后，留下的只有一方的等待和另一方的背离。

我们无法在如今的社会里，以今天我们心中的道德来衡量评价、批判李煜与嘉敏的行为是否该被天下唾骂弃之。毕竟那些千百年前在历史中沉浮的人物，因为我们并非亲眼所见、身在其中。我们和他们是两个世界，所以何来衡量标准？

李煜是真的喜欢嘉敏的，但也不能够就此否认，李煜和娥皇过去的感情就是假的。心头痣和明月光都是李煜爱的，只是不凑巧，明月光出现在了心头痣病重的阶段，所以这段感情被世人更加不喜，也对娥皇更加地惋惜。

所以往后的日子里，娥皇这颗心头痣，就是琼瑶笔下大明湖畔的夏雨荷，就是宫廷戏里的纯元皇后，哪怕不在人世，哪怕不在江湖，依旧是贯穿心中漩涡的存在。

公元 964 年，深秋，皇宫里发生了一件事，李煜与大周后娥皇的小儿子，也是最为疼爱的儿子，四岁的李仲宣猝死，这让还沉溺在与嘉敏偷会的爱情中的李煜如遭当头一棒，在娥皇生病后，自己已经多久没有去陪伴照料过仲宣了？

失去亲子的痛让李煜再次坠入黑暗，他命人严查此事，得到的真相却是仲宣于佛堂前为母祈祷，却不想有猫撞翻琉璃灯，巨大的声响让当时毫无准备的李仲宣惊吓猝死。

李煜听完，忽然双手捂住脸，无助地哭了起来。

《悼诗》

永念难消逝，孤怀痛自嗟。雨深秋寂寞，愁引病增加。

咽绝风前思，昏濛眼上花。空王应念我，穷子正迷家。

《墓志铭》

呜呼！庭兰伊何，方春而零；掌珠伊何，在玩而倾，珠沉媚泽，兰陨芳馨，人犹沮恨，我若为情？萧萧极野，寂寂重扃；与子长诀，挥涕吞声，噫嘻，哀哉！

这段李煜为爱子仲宣所写的悼诗和铭文，字字泣血，字里行间难以抑制的悲痛哀思、丧子之痛让李煜一下子从爱情的美好里回到了现实。

似乎生活已经对他够苛刻了，痛苦之下，他还不忘严令禁止宫人将此事传达给娥皇，如今的娥皇，已经半点风吹草动都经不得了。

这样的噩耗，全由李煜一个人背着，时常独坐泣饮，面对如此悲惨命运，秋风冷雨凄凄惨惨，他如何不怨恨上苍待他如此不公，夺其所爱的稚子，口中醇酒犹如泣血之泪，长歌当哭。

不想，宫人人多口杂，私下议论间，却被病榻上的娥皇听见，躺在床上恸哭不已。

世事难料，没想到，命运给了她一记耳光后，又夺去了她最为宠爱的幼子，为什么不让她好过一点？

得知爱子夭折的娥皇，几日未语，滴水未进，她从窗户上看见苑中的梅树也无人修剪，殿外寥寥数人来往，她用尽全力伸出手在眼前轻轻覆上，心中一片荒凉，曾经的柔荑蔻丹，如今早就皮皱如枯草，她想笑，却发不出声音，只从喉咙深处摩擦出一点凄厉嘶哑的怪叫，忽然眼角有大颗泪珠落下。这万丈红尘里，有三千烦恼丝，可她的烦恼，便是有三万，三千万，也是说不完的，如今她心知自己在这世上的日子已然不多，这一生风尘仆仆地来一遭，到头来却如打马走过的看客般，恩爱的丈夫移情小妹，疼爱的稚子猝死，如今一生都要看到头了，她还剩下些什么呢？

哀莫大于心死，悲莫过于无声。

自古都说红颜多薄命，历史上曾有无数的故事，美人命运多舛坎坷，或身份卑微到尘埃里，或高贵如同枝头凤凰，但她们一定都是惊才绝艳的人物，读遍她们的一生，总会让人唏嘘不已，如此佳人，天教可怜！

"可怜前代汗青史，薄命佳人类如此。"

在她病重期间，李煜来见她，二人默默无言，良久，娥皇才开口，平静又麻木地盯着眼前："婢子多幸，托质君门，窃冒华宠，业已十年，世间女子之荣，莫过于此，所痛惜者，黄泉路近，来日无多，子殇身殁，无以报德。"

说完这句话的娥皇，眼前一幕幕闪现的，都是过往的时光，她仿佛料到自己已经不行了，唤来婢女，取来先皇赐她的烧槽琵琶，抱在怀中，以一种诀别的姿势，背对着李煜闭上了眼睛。

公元 965 年，南唐国后，娥皇周宪病逝，时年二十九岁。

十年前，十九岁的娥皇嫁给李煜，凤冠霞帔，十里红妆，她怀着对崭新人生的所有期盼来到皇宫，十年后，二十九岁的周后缠绵病榻，形容枯槁，抱着烧槽琵琶，溘然长逝。

李煜一声声地唤着娥皇，她却再也没有了应答，他为娥皇的深情所感动，更为自己对她的不忠所内疚，望着娥皇至死都不愿看他的姿态，他知道，这是娥皇对他的惩罚，这时候的李煜再也忍不住，抱着娥皇已经渐冷的身体失声痛哭。

只向从前悔薄情！

这一刻，曾和娥皇在一起的每一个瞬间都开始在李煜的脑海中环绕，好的坏的，笑的哭的，这些曾经被自己呵护着的如同珠宝般璀璨的回忆，如今随着娥皇的离开，一切都零落成泥碾作尘。

李银河说："翻检他当初写给我的情书，只觉得恍惚之间，阴阳两隔，人生真是一件残酷的事情，既然生命是如此的脆弱和短暂，上帝为什么要让它存在？既然再美好的花朵也会枯萎，再美好的爱情也会泯灭，上帝为什么要让它存在？"

没有人能给我一个答案。

也许根本就没有答案。

对于娥皇的逝世我想到了另一位薄命红颜，汉武帝妃李夫人，这个充满智慧的女人，亦曾和娥皇一样，用最决绝的姿态离开人世。

汉武帝痴迷于她的魅丽，可她却从不被他所迷惑，她在这场感情里尤为理智清醒，是真正的宠辱不惊，她知道所得的一切不过是因为自己姣好的面容，以美色事人者，色衰则爱意松懈，爱懈则恩义断绝。若是有一日，她年老色衰，美人迟暮，便是情淡意冷之时。

她让武帝全身心地爱上她后，又全身而退，在感情的最高潮时，她病了，药石无医，久卧病榻换来的便是色衰，可李夫人知道帝王之爱从来都不是牢固的，色衰便会爱驰。

为了让武帝对他的爱更为隽永，以保武帝对他们的后代仁心眷顾，她从生病起，至死都没有回头让武帝看一眼。

李夫人和娥皇在这段感情里，最后都是至死不见斯人，虽目的不同，但达到的结果却都一样，于是这段遗憾的感情便更加意犹未尽地刻在了斯人的心里，至死不休。

留有遗憾的感情似乎更让人深刻地记得，更加的隽永。

　　将所有情爱密密地刻在心脏上骨血里，日复一日地将回忆摩挲重叠，怎能忘却？

　　也许人总是这样，对已经失去的人事物念念不忘，汉武帝与李夫人是这样，李煜与娥皇也是如此。

　　这世间万物，生灵或花草，来到世上走一遭，都如大梦一场，梦醒便是归期。娥皇在这个南唐的土地上生长，她的职责仿佛就是陪着李煜解忧作乐，一次次用她的智慧和才情让李煜对她刮目相看，为她倾倒，为她疯狂，可是如今，却得知这个身心契合的爱人和挚友将不久与世，李煜心里最后一根弦，也断了。

　　多情自古空余恨，好梦由来最易醒。

　　"短短二十余载，除了死苦，我尝遍了人生七苦，生、老、病、爱别离、怨憎会、求不得、五阴炽盛。"

　　这是李煜的人生里，第二次尝到了手足无措的滋味，这朵红玫瑰谢了，这颗心头痣也被剜掉，徒留李煜的锥心之痛。

《挽辞》

珠碎眼前珍，花凋世外春。未销心里恨，又失掌中身。

玉笥犹残药，香奁已染尘。前哀将后感，无泪可沾巾。

艳质同芳树，浮危道略同。正悲春落实，又苦雨伤丛。

秾丽今何在，飘零事已空。沉沉无问处，千载谢东风。

娥皇病逝后，李煜接连痛失两位至亲，这样的痛楚对李煜来说已经到了难以承受的地步。娥皇曾在他的前半生里陪他度过了最欢乐的时光，如今想来，那些美好的回忆如同细密的针，在李煜的心脏里扎得密密麻麻，痛得让人窒息。

纳兰性德曾写过一首《如梦令》来悼念亡妻：

谁念西风独自凉？萧萧黄叶闭疏窗。沉思往事立斜阳。
被酒莫惊春睡重，赌书消得泼茶香。当时只道是寻常。

大概这世上，失去心爱之人的痛苦都是相似的，爱人的离去总是折煞人心，一片伤心画不成，曾经想要在天愿做比翼鸟，在地愿为连理枝，却不想如今天人永隔，心愿成空，鹣鲽情深却梦难圆。

"当时只道是寻常"，这令人心碎的七个字，字字泣血，用来描述李煜当时的心境可以说是完全符合，开头的"西风"与"独自凉"便已奠定了整首词孤寂凄凉哀伤的基调，秋风吹冷，孤独的情怀有谁惦念？看片片黄叶飞舞遮掩了疏窗，伫立夕阳下，往事追忆茫茫。酒后小睡，春日好景正长，闺中赌赛，衣襟满带茶香，昔日平常往事，已不能如愿以偿。

独自站在斜阳下，回想着过去和她在一起的美好时刻，斜阳将影子拉得很长，也将回忆拉得很长。

所有过去与亡妻的回忆，好的、坏的、恩爱的、可爱的、富有情趣的，当时只以为是普通的不足一提的小事，如今回想起来，就像一颗颗宝石，散落在回忆里熠熠生辉，不以时间的流逝而消散。

曾经沧海难为水，除却巫山不是云。取次花丛懒回顾，半缘修道半缘君。

余两月后，李煜为大周后娥皇发国丧，写下了长篇诔文《昭惠周后诔》着工匠刻在碑上，字字深情，泫人涕泪。

整篇诔文，前半部分皆为四言，尾部又以《长恨歌》的典故结束全篇，写出了他们曾经的情深意切，写出了娥皇的才情和优秀，写出了她离开后李煜的悲痛万分，也写出了对命运的控诉，带走了他的儿子，又毁了他的家室，叹神之不仁，呜呼哀哉！

茫茫独逝。舍我何乡？昔我新婚，燕尔情好。媒无劳辞，筮无违报。归妹邀终，咸爻协兆。俯仰同心，绸缪是道。执子之手，与子偕老。今也如何，不终往告，呜呼哀哉！

孰谓逝者，荏苒弥疏。我思姝子，永念犹初。爱而不见，我心毁如。寒暑斯疚，吾宁御诸。呜呼哀哉！

神之不仁兮，敛怨为德；既取我子兮，又毁我室。镜重轮兮何年，兰袭香兮何日？呜呼哀哉！

木交构兮风索索，鸟相鸣兮飞翼翼。吊孤影兮孰我哀，私自怜兮痛无极。呜呼哀哉！夜寤寐皆感兮，何响不哀？

全文中这几节充分表现了李煜对娥皇的爱和怀念，曾占卦说我们会白头到老俯仰同心，没想到神明也会骗他的信徒，不过十年，娥皇明明还是个窈窕之女，却在大好的年华里香消玉殒。

四顾心茫然，斯人永失，斯人永逝，树木结连理，鸟鸣比翼飞，仿若人世间，只有我，形影相吊，形单影只，凄凄惨惨戚戚。

痛苦能与何人说？

这篇诔文，句句锥心，通篇读来，仿佛跌进千年前的历史长河中，站在娥皇的陵墓前，看着李煜附在石碑上恸哭不已。看他絮絮叨叨地对娥皇说话，说过去，说如今，说娥皇，说自己，说苑上再无琵琶女，说南唐再无此佳人，说他李煜丧妻，是为"鳏夫煜"。

从前有杨贵妃与唐玄宗，期"在天愿作比翼鸟，在地愿为连理枝"，却"天长地久有时尽，此恨绵绵无绝期。"

不是所有感情都有始有终，在过去的年华里，李煜不可置疑地爱娥皇，甚至以为，这辈子除她以外，便再没有能够替代，娥皇在的地方，就是天上人间。

曾在滚滚红尘中奔走，在最好的年华里遇见你，十载春秋，细水长流也好，纵情声色也好，如今你放下一切转身入往微风，仙凡路隔，徒留我强撑起的勇敢和无畏顷刻崩塌，回忆剪成浩瀚沙漠，说好生死相拥今却无处话凄凉，谢你送我十年美梦，也怨你留我独守这国。

每当夜深人静时，辗转反侧，对娥皇的思念如潮水般向他涌来，常常无法入眠，起身披着月色踏着清辉，一路相思一路哀，在巨大的悲伤之下，李煜写出了这首思念亡妻的《谢新恩》。

秦楼不见吹箫女，空余上苑风光。

粉英金蕊自低昂。

东风恼我，才发一衿香。

琼窗梦醒留残日，当年得恨何长！

碧阑干外映垂杨。

暂时相见，如梦懒思量。

如今故地重走，却不见故人，秦楼不见吹箫女，旧苑风光依旧，如今娥皇已去，人去苑空，空留这一苑的风光和满园的惆怅和孤寂。

想当年"接辇穷欢，是宴是息"，多少赏心乐事，美酒当歌。可如今，虽美景依旧，而身边佳人却已不见，同样的风物景观变得索然无味，触景生情，再美好的风景，却也成了李煜的伤心地，每每看见，都会勾起当初的恩爱往事，心中涟漪万千，不敢再看。

春天百花盛开，粉英金蕊，花儿在风中随意起落飘摇，花开花落无人观赏。

而自己的境遇之不幸，和心灵的创痛，对现实的无可奈何，也随着这单调的风景而变得幽怨，旧景还在，故人已无，把对亡妻早逝的怀思与痛惜一并托与东风，如今东风也要恼我，令人兴起无穷的怅惘与惋惜！

花朵初放，刚刚散发出一些袭人襟袖的芳香，如同爱妻娥皇，窈窕佳人，初绽风光，二十多岁的年华好比这初放的花朵，她的凋谢更加让人无比惋惜。如今联想到爱妻，闻此断肠之香，百般感伤，无由倾诉。却怨及东风，无理之处见情深。

"琼窗梦回"是残阳如血，是泣血之殇。遥想当年，"碧阑干外"曾经与娥皇同倚，谈笑风生，饮酒写诗好不快活，如今垂柳掩映，风景依旧，似乎还能听得见当年的欢笑，还能感受到当时的快乐。而今伊人永逝，每每回想起来，遗恨何限，此悲此痛只会日渐加深却无化解之法。李煜是多么期盼着与心中思念的人相见。然而，生死相隔，唯有在梦里才有可能相见。

曾经"懒思量"，这是梦境也好现实也好，有你就好，如今"懒思量"，就当忘记了也挺好，多少孤单的日子里反复思念，多情自古伤离别，内心的无奈和伤痛却再也忘不了，相思刻骨，心事成灰。

他终究是忘不了的，忘不了他们在灿烂春日中的情意绵绵爱意无限，但是这最终的逝去已经让他无缘继续往日的情怀。面对生死离别，他深深地感到无力，自己什么也做不了，如今只能站在这里看这与去年今日一样的风景，"杨柳岸，晓风残月。此去经年，应是良辰好景虚设。便纵有千种风情，更与何人说！"

随着娥皇的香消玉殒，李煜久久未能从丧妻之痛中缓过神来，他曾无数次徘徊在旧苑中自言自语自问自答，就好像娥皇还不曾离开。

也曾在瑶光殿内静坐独思，回想起从前娥皇在这里翩翩起舞，或嬉戏打闹，如今所有的回忆，都是诛心之伤，看着眼前娥皇最爱的琵琶，仿佛耳边还能听见娥皇的琵琶声。

侁自肩如削，难胜数缕绦。
天香留凤尾，馀暖在檀槽。

这首小诗《题琵琶背》和另一首《书灵筵手巾》，皆为李煜思及亡妻时所作，所见之物皆引情思，这种入骨相思，又诉与何人知？

浮生苦憔悴，壮岁失婵娟。
汗手遗香渍，痕眉染黛烟。

因时移世变、国祚日衰而带来的诸多不顺心之事让人憔悴，人到中年，又失去了爱妻这一身心的伴侣。这手巾上似乎还有娥皇的汗渍和粉黛痕迹，却舍不得扔，仿佛这就是娥皇的化身，寄情与手巾，若是有来生，定不负相思意。

娥皇走后，李煜一下子就像被命运从身体里生生抽断了一根肋骨，从此以后，便是再有多开心，也没有多开心了。

人生总是这样，给予了我们近乎完美的另一半，偏偏又爱考验我们，生老病死，总是不能相伴而终老，总是在互相依赖后又残忍地拉扯开，于是让人顿然醒悟，"赌书消得泼茶香，当时只道是寻常"，可如今，再也不能和你一起做这样寻常之事了。

那个惊艳了时光温柔了岁月的人啊，曾并肩披着晚霞夕阳，晚风拂面温软静谧，曾相拥看云卷云舒，一刻无言却也恍若不朽。

一场如烟花般璀璨的爱情，在盛开绽放后，被现实的残酷分离，曾经的绝世芳华却并没有随着时间的流逝而被冲散，反而像一坛老酒愈加醇香，口鼻生香，一口入心头，便开始了魂牵梦萦的思念，痴情最是难解。

"人面不知何处去，桃花依旧笑春风"这句诗应该是将物是人非描写得最为诗意和生动的了，桃花一年又一年地复开，仿佛曾经什么也没发生一样，风景依旧，年复一年，如今人却生死相隔，若是再相见，你是否还记得我？

十年生死两茫茫，不思量，自难忘。千里孤坟，无处话凄凉。纵使相逢应不识，尘满面，鬓如霜。

夜来幽梦忽还乡，小轩窗，正梳妆。相顾无言，惟有泪千行。料得年年肠断处，明月夜，短松冈。

这首苏轼感怀亡妻王弗的《江城子·乙卯正月二十日夜记梦》堪称是悼妻之词里至真之情的巅峰了，也将这种世事变迁，斯人已逝，哀思之情却从未停止的感情刻画的生动又感人。如今仍觉情意缠绵，字字血泪，仿若这字有千钧之力读来不免感动泣泪，此中对亡妻深沉的思念，哪怕离你离开已有十年之久，可仍然有满心绵绵不尽的哀伤。

两人一生一死，隔绝十年，思念却很茫然，无法相见。不想让自己去思念，自己却难以忘怀。妻子的孤坟远在千里，没有地方跟她诉说心中的凄凉悲伤。即使相逢也应该不会认识，因为我早已不是当年模样，这些年四处奔波，风尘仆仆，灰尘满面，早已鬓发如霜雪，她可还会认出我？大概是不会了，我与她记忆中的样子已经相差太多。

曾有晚上忽然在隐约的梦境中回到了家乡，只见妻子正如同往年一样在小窗前对镜梳妆。我们在梦中泪眼相看，千言万语不知从何说起，只有相对无言泪落千行，醒来时才惊觉自己真的泪流满面。料想那明月照耀着的、长着小松树的坟山，就是他思念妻子痛欲断肠的地方。

相顾无言，惟有泪千行。

李煜也曾写下《感怀二首》，以表达对亡妻的追思和怀念，与苏轼这首词不同的是，他与娥皇还没有经历十年生死两茫茫，有的是十年相伴意绵绵。

又见桐花发旧枝，一楼烟雨暮凄凄。

凭阑惆怅人谁会，不觉潸然泪眼低。

层城无复见娇姿，佳节缠哀不自持。

空有当年旧烟月，芙蓉城上哭蛾眉。

如今这宫里的老树又长了新芽，李煜站在这琼楼玉宇之上，凄风冷雨间，楼外一片朦胧，像是又看到娥皇的身姿，像往常一样，斜靠在横栏上，再一回头，泪眼婆娑，哪里有什么身影，一切不过是自己的臆想。

都说日有所思夜有所梦，可明明是白日里，李煜却产生了幻觉，一切不过是因为对娥皇的思之深痛之切。恰如《诗经·葛生》所诉：

葛生蒙楚，蔹蔓于野。予美亡此，谁与独处！

葛生蒙棘，蔹蔓于域。予美亡此，谁与独息！

角枕粲兮，锦衾烂兮。予美亡此，谁与独旦！

夏之日，冬之夜。百岁之后，归于其居！

冬之夜，夏之日。百岁之后，归于其室！

入我相思门，知我相思苦

周国平说："爱情的滋味最是一言难尽，它无比甜美，带给人的却常是无奈、惆怅、苦恼和忧伤，不过这些痛苦的体验又何尝不是爱情的丰厚赠礼，一份先属于心灵、然后属于艺术的宝贵财富，古今中外大诗人的作品就是证明。"

的确，爱情的甜美往往也伴随着痛苦，离别之苦、别恋之痛、相思之愁，所以有了"此情无计可消除，才下眉头，便上心头"，所以有了"问世间，情为何物，直教人生死相许"，所以有了"玲珑骰子安红豆，入骨相思知不知"。

深院静，小庭空，断续寒砧断续风。
无奈夜长人不寐，数声和月到帘栊。

娥皇的离去使得李煜一段时间内所作的诗词皆是幽怨哀婉之情，没有了往日同娥皇在一起的奢华悠哉。在《渌水亭杂识》中记载，清代著名词人纳兰性德曾说李后主"兼饶烟水迷离之致"，纳兰氏十分准确地指出了李煜词直抒胸臆之外的另一种含蓄风格。这首《捣练子》就是其中之一。

秋风送来了断续的寒砧声，在小庭深院中，听得格外真切。夜深了人却无法入眠，空寂的庭院里，月光和砧声穿进帘栊，又勾起了绵绵的离恨和相思，愁思百结。

在古代，捣衣声通常是用来表现思妇对于远戍边关的丈夫的思念之情，故有北周庾信的《也听捣衣诗》，也有世人皆知的李白的《子夜吴歌》。

长安一片月，万户捣衣声。
秋风吹不尽，总是玉关情。
何日平胡虏，良人罢远征。

长安城内一片月光，千户万户都在捣衣。秋风吹送捣衣声声，家家怀念戍边之人。何时才能平息边境战争，让我丈夫结束远征。

捣衣声中蕴含着千家万户的痛苦和思念，全诗写征夫之妻秋夜怀思远征边陲的良人，希望早日结束战争，丈夫免于离家。

和李白诗中的"思念戍边丈夫"的感情不同，李煜是借这种在诗中常用来表达思念的捣衣声，来表达自己对娥皇的思念之情。古时候车马很慢书信很远，丈夫如若战死边关，却很有可能思妇不知道，依旧日日盼君归，而戍边的战士，大多都是抱着视死如归的心情奔赴远方，一去不回。

对于亲人一去不回的感受，李煜怕是比谁都要感同身受，这寂静空荡的庭院里，夜长人不寐，这样的无奈让李煜愁肠百转，相爱的人已经离开。

此情可待成追忆，只是当时已惘然。

生者与逝者，无论从前多少赏心悦事，无论过往多么难以忘怀，如今你人往微风，而我依旧在这浊世沉浮，生死隔绝，我害怕你离开这个世界后忘记我，也害怕我忘记离开这个世界后的你。

曾经想与你在这乱世中，看无尽的朝霞和黄昏，哪怕碌碌无为也罢，只要和你在一起就好，如此一生，情长意深，想来也算圆满。可惜人算不如天算，从前看，所有的美好和曾经的希冀如今都笼罩着哀伤，曾经以为是平常的事情，不加珍惜，如今后悔怀念也已经是惘然。

人世间最荒凉的情感李煜已经感受到，他也曾多少次泪眼问苍天，为何总是"天教心愿与身违"，这一生他已经过得够不如意了，为何还要苦苦相逼？

曾经共植梅树，尽心照料，还想着经年后相约雪季执手看满园花色香气袭人，如今花还在，人已逝。

殷勤移植地，曲槛小栏边。共约重芳日，还忧不盛妍。阻风开步障，乘月溅寒泉。

谁料花前后，峨眉却不全。失却烟花主，东君自不知。清香更何用，犹发去年枝。

《全唐诗》载："后主尝与周后移植梅花于瑶光殿之西，及花时，而后已殂，因成诗见意。"

这首《梅花》诗，作于娥皇离开的那年冬季，看着这满园的花色，不禁让李煜泪眼蒙眬，曾想过与娥皇千般情万般爱，如今都已烟消云散，只剩下这一片梅花傲立寒冬。

"谁料花前后，峨眉却不全"倒是让人想起了《项脊轩志》里的那句"庭有枇杷树，吾妻死之年所手植也，今已亭亭如盖矣"，读来不免使人潸然泪下。

我们曾经一起移植的梅花，在瑶光殿的西侧，一起约好待到它开花共赏，为它阻风设屏障，在月夜里为它灌溉，我们一起齐心协力地栽养这片梅林，它就像是我们美好曾经的见证一样。

可没想到花开时人已不再，我要这梅花又有什么用，不过是徒增悲伤罢了。

同样思念亡妻，内心痛苦不堪的，还有诗人元稹。

元稹在一贫二白的时候和当时的富家女，京兆尹的女儿韦丛结婚了，婚后的生活因为元稹的薪水微薄而过得清贫如洗，后来元稹写出了"诚知此恨人人有，贫贱夫妻百事哀"的诗句。

经年之后妻子韦丛去世，让元稹痛苦不已悲戚无疆，他留下了几十首悼亡诗篇。清代蘅塘退士在评论此诗时说："古今悼亡诗充栋，终无能出此三首范围者。"这至高的赞誉，元稹当之无愧。

他曾写出"衣裳已施行看尽，针线犹存未忍开。尚想旧情怜婢仆，也曾因梦送钱财。"

人已仙逝，而遗物犹在。为了避免见物思人，便将妻子穿过的衣裳施舍出去；将妻子做过的针线活原封不动地保存起来，不忍打开。元稹想用这种办法封存起对往事的记忆和对妻子的思念，而这种做法本身恰好证明他无法摆脱对妻子的思念，因为真正的忘却，是对这些遗物不痛不痒，对回忆客观看待，而不是这样自欺欺人般的做法。

每当看到妻子身边的婢仆，也会让元稹想起对妻子的哀思，因而对妻子生前的贴身婢仆也平添一种哀怜的感情，曾经日日相伴不离，如今只剩下婢子在眼前，缺少了妻子的身影，旧人旧物更是平添了一份哀思。

夜晚梦魂飞越冥界相寻。梦里也想着曾经一起受苦的生活，害怕妻子过苦日子而梦中送钱。似乎荒唐，却是一片感人的痴情，若不是白天的睹物思人，哪有夜晚的梦中相见？

日有所思夜有所梦，李煜面对着这一大片曾经和娥皇共同栽种的梅花，是否也和元稹一样梦到过亡妻？是否也会在梦里为娥皇送去梅花以解忧思？

纳兰性德曾经写过一首《蝶恋花》，写自己旧地重游，想起昔日和爱人挽臂同游花间的情景。

萧瑟兰成看老去，为怕多情，不作怜花句。阁泪倚花愁不语，暗香飘尽知何处。

重到旧时明月路，袖口香寒，心比秋莲苦。休说生生花里住，惜花人去花无主。

想到庾信的典故，感叹自己老了。怕想起你又起愁思，于是不写花间事，含泪倚着花愁而不语，花香不知飘至何处，爱人不知零落何处。

旧地重游，当年情人留在袖口的香气已散，余温已寒，只是思念之情比之秋莲更苦。

"休说生生花里住，惜花人去花无主。"不要说生生世世愿与她在花间长住，这样的诺言已经无法实现了。此时惜花人已去，花已无主。

《饮水词》中每出现"花"和"惜花人"，指代的都是自己和妻子的爱情。

这首词婉约中带出欲说还休的凄凉。最后一句"休说生生花里住，惜花人去花无主"，写出了作者内心深处的苦楚，和李煜的"谁料花前后，峨眉却不全"在某些方面的情感表达和借花表相思上有着异曲同工之妙，并非花惜佳人，而是作者思佳人，"花"不过是过去美好时光的见证。

和《捣练子》意境相似的哀怨诗词，还有这首《喜迁莺》。

晓月坠，宿云微，无语枕频欹。梦回芳草思依依，天远雁声稀。
啼莺散，馀花乱，寂寞画堂深院。片红休扫尽从伊，留待舞人归。

天光微亮，残月渐渐坠落，沉寂了一整晚的云也开始消散，本应深眠的夜晚，却独自寂寞望断黑暗直至天明。

"梦回芳草"，又是这样的夜晚，已经记不得做过多少这样的梦了，梦里你我年华正好，醒来泪湿枕边。曾在无数个这样的梦里，午夜梦回便辗转反侧思故人，再也无法入睡，大雁南去，是否带得走我的思念？带着这份思念直上云霄诉与佳人听，可是天远雁难来，这份相思又能如何寄出？

你是不是也在另一边思念着我？

在这寂寞的空洞深苑，独我一人静坐，离愁思绪繁多，苑中鸟声飞散，晚春的花朵也只剩几朵纷杂凌乱。看着庭院中满地的落花仿若一片红锦铺地，思念的人就像这零落的落花一样，再也飞不回枝头。一切尘归尘土归土，可是哪怕如此，内心却还是希望就这样不要打扫落花，任由它飘落在庭前，等待我思念的人回来，与他一起共舞在这落花铺成的"红毯"上，再舞一曲《霓裳》。

李白诗云："入我相思门，知我相思苦。长相思兮长相忆，短相思兮无穷极。"

走入相思之门，知道相思之苦。永远的相思永远的回忆，短暂的相思也无止境。

李煜对这相思门里的相思苦应该是一清二楚了。在登上这个皇位之前，李煜的诗词多表达自己寄情山水，登上皇位后，诗词还未脱"花间"习气，包括给小周后的情诗，都偏朦胧婉约派诗词，所写诗词多以表达当时生活的奢靡和情趣，而娥皇离开后，李煜消沉颓靡了一段时期里的诗词多以表达相思哀怨为主。

樱花落尽阶前月，象床愁倚薰笼。远似去年今日，恨还同。
双鬟不整云憔悴，泪沾红抹胸。何处相思苦？纱窗醉梦中。

这首《谢新恩》是李煜前期和娥皇新婚恩爱之词，和"秦楼不见吹箫女"的极度痛苦不同，和"无奈夜长人不寐"追思离人的哀愁也不同，虽是写愁思，却不见愁苦。前者是哀默心死后字字泣血的伤痛之言，也是深藏于心经久不散的愁云惨淡，《谢新恩》却是闺阁思人，与前期作品中的《捣练子·云鬓乱》颇为相似，因为夫妻间小别之时的娇嗔思人，小别胜新婚，正是因为知道会重聚，于是有了这样的闲情相思。和娥皇逝世后的哀思之愁相比，二者读来，心中所感截然不同。

寂寞空庭里，独自一人守着空闺就连弹琴也觉得声声如泣，晚春时候的苑中落花一片凌乱，清冷的月光照在阶前，如离人泪般寂寞苦楚，又想起去年今日的愁，一时愁苦涌上心头，欲语泪两行。

女为悦己者容，而此时，悦己者不在，本就被相思折磨得十分愁苦更加无心梳妆，哪怕发髻不整也无所谓。

《诗经》中有："自伯之东，首为飞蓬，岂无膏沐，谁适为容。"这种情怀无人能解，也无人安慰，因为相爱的人不在身边，满腹相思诉与何人说？望着阶前月光，禁不住珠泪潜然，本就愁苦无依、无可奈何，却无人安慰，只好梦中托相思解相思。谁料梦醒更显寂寞，梦中醉眼相见，也许欢情无限，可梦醒之后，无限欢情转眼成空，不但慰藉不了丝毫，反而因梦中欢会和现实空寂的鲜明对比而更加平添许多愁怨，如此落差，更叫人愁上心头。

梦境与现实，都是思愁，李煜在诗中将这种思妇愁苦无处消散的心境刻画得生动形象，读来令人叹息。

这首词的创作背景大约是新婚不久，娥皇出宫省亲时，结合背景来看，当时的恩爱之情可见一斑。

而李煜和娥皇这对夫妻的感情从亲密无间对酒当歌，到妻、子离世徒留李煜一人借酒浇愁，他们经历了乍见之欢，也经历了久处不厌，可是一晃多年，依旧败给了现实的隔绝。

徐志摩曾说："我是极空洞的一个穷人，我也是一个极充实的富人——我有的只是爱。"

可就是这样一位"爱情富人"，却从不曾给予过，哪怕是施舍过一丝一毫的爱意给前妻张幼仪，他只是将一腔爱意全都献给了林徽因、陆小曼。他的确是只有爱情的富人，但他在张幼仪的对比下也是自私的。

因为他是一首风花雪月的诗，而她，则是一个踏踏实实的人。

和徐志摩不同的是，李煜对妻子周娥皇却极尽情爱之所能地给予她最恩爱两不疑最如胶似漆的夫妻生活，"风流"和"专一"两个背离的、截然不同的词，却在李煜身上完美地体现了。

对于李煜来说，除了怀念从前的美好也有对这段感情匆忙结束的遗憾，更有对于自己当时行为的悔恨。他是一个帝王，有很多的机会发展很多段感情，可是偏偏在娥皇重病之时移情小妹。

虽然娥皇的病本就药石无医，可是李煜与嘉敏的感情却加速了娥皇的离世，大概他的骨子里，还是个风流的君王，只是娥皇给予的爱情太美好，让他留恋不已。

李煜与娥皇的爱情，自古以来褒贬不一，说他忠贞不贰深情至极，也说他风流多情奢靡无度。情爱本来不过是一场绚烂花事，天地万物，唯有情字最为伤人，他曾给了娥皇这样的苦楚，如今娥皇的离世也对李煜回以如此大的打击，令他劳心伤神哀思过往。

这样的李煜让我想起了李夫人病逝后，汉武帝同样无处安放的思念之情，着人画李夫人的画像挂在墙上日夜凝望，只求能招来李夫人香魂，再见她一眼。

是耶，非耶？立而望之，翩何姗姗来迟？

哪怕是一场自欺欺人的骗局，可武帝却深陷其中，只为将一厢情意无限哀思寄托给她。

哀也，悲也，香魂缥缈，何已托万重情？

夜来携手梦同游，晨起盈巾泪莫收。李煜若是能得见娥皇香魂，是否会喜极而泣诉衷肠？瑶光殿内的梅花开了又谢，小苑中的春景也快要随着初夏的到来而颓败，可我依旧还在这里想你等你念你，你可知道，你可看到，你可感受到。

而若是娥皇芳魂入梦，又是否会听到李煜的那句"片红休扫尽从伊，留待舞人归"？

你大概是不会知道的，我将在这浊世间思念无穷极。

直到君埋泉下泥销骨，我寄人间雪满头。

第三卷：鸦啼影乱天将暮，海月纤痕映烟雾

风雨揭却屋，浑家醉不知

历史的道路，不全是平坦的，有时走到艰难险阻的境界，全靠雄健的精神才能够冲过去的。

南唐这段崎岖多舛的历史，早没有了烈祖当年的雄健精神，李煜这个君王，在其位却不谋其政，与周娥皇的奢靡生活颇有一番南朝陈后主陈叔宝的荒唐作风。

史书记载陈后主陈叔宝在位时大建宫室、生活奢侈、不理朝政，日夜与妃嫔、文臣游宴，穷奢极欲、沉湎声色，是一个典型的昏君。当时，北方强大的隋时时准备渡长江南下，陈这个江南小王朝已经面临着灭顶之灾，可是这个不称职的皇帝陈后主，却整天饮酒嬉戏，作诗唱歌，在辞赋上有很高的造诣。

这样的介绍，让人难免会联想到李煜，他又何尝不是如此？

宋朝的铁蹄随时都会踏入南唐，而李煜依旧畏首畏尾，这大势已去的南唐，任谁也无力回天，李煜只好躲进富饶的精神世界寻求安慰。

在这段李煜沉迷声色的时间里，这乱世却发生了极大的改变。

南唐立国数十年，在李煜即位之初，宋太祖赵匡胤就在北方颠覆后周建立了宋朝，他的野心足以吞并天下，若是说南唐有什么人和他相似，那便只有早已仙去的烈祖李昪了。

一生呕心沥血建立南唐的开国皇帝李昪，在政治上经历过几代吴王，也亲历过沙场兵刃。君民鱼水般相互依仗，他懂得时势造英雄，他自己就是从乱世走出的英雄，所以他并不希望这好不容易澄净的江水又被搅浑，或者说，又造就出第二个李昪。

他将南唐经营得实力雄厚国泰民安，他踌躇满志养精蓄锐，想一举统一天下，遗憾的是，壮志未酬身先死，为防自己的多年心血被一朝掏空，他曾在弥留之际，告诫李璟要停战守国，如今再战也已错失良机："勿忘吾言！"

中主李璟即位后，初时还能够谨遵父命，有一点明君的样子，可时间一长，便开始沉迷于声色之中。

有"五鬼"坐镇，李璟似乎对于诗词文化颇为看中，以至于后来沉湎于此，不恤国事。

谗夫似贤，美言似信，听之者惑，观之者冥。

李璟不日便在宫里大开诗宴，将南唐的诗词文化氛围推向高点。由此可见，这个南唐，除了李煜，李璟也同样是个文人皇帝。

他在和兄弟一起登楼望远时，可以纵情山水吟诗作对好不快活：

《登楼赋》

珠帘高卷莫轻遮，往往相逢隔岁华。

春气昨宵飘律管，东风今日放梅花。

素姿好把芳姿掩，落势还同舞势斜。

坐有宾朋尊有酒，可怜清味属侬家。

如此才情，毋庸置疑，儿子李煜的文化素养，便是从此得来。在皇宫的奢侈中，在宴会的莺歌燕舞里，诗词歌赋永远是主角，长久以来，便是宫娥婢子，也能吟出一二句诗。

《十国春秋》有记载一段关于李璟的荒唐事，在宫中宴会上极尽奢靡，最后却被宴会上的俳优，引用诗人李山甫的《上元怀古》中的一句"南朝天子爱风流"来讽谏。

"南朝天子爱风流，守尽江山不到头。"

这一句讽谏对李璟来说可谓是当头棒喝，前朝之事为后事之师，在后来一段短暂的时间内，李璟都算是励精图治。可惜的是，一个人，如果从小不曾吃过苦历过劫，那么他永远都不会知道如今美好生活的来之不易，也不会知道百姓的生活有多不容易。

更何况一个帝王，在权利的中心，在欲望的顶点，从不曾俯望过黎民百姓的生活，又怎能守得住这份来之不易的国泰民安？

更何况身边还有一群并无任何真才实干的宠臣，妄断朝政欺辱忠良。

李璟似乎忘记了父亲的临终之言，盲目地劳民伤财开疆拓土。不仅用尽国库钱财来为战争买单，致使国库空虚赋税加重，更是看不清局势，以为南唐还同当年从烈祖手上接过来时一样民富国强，以至于后周来犯，终于不敌，节节败退。

风雨揭却屋，浑家醉不知。

而后周呢？后周这段时间里在干什么？

公元954年，后周太祖郭威去世，其养子柴荣即位，他就好比南唐曾经的文献太子李弘冀，不甘平庸，不想坐吃山空地当个守国皇帝，他一心求变，《五代史补》中记载，他曾有此豪言："十年开拓天下，十年养百姓，十年致太平。"他不仅如此说如此想，也如此做了。

他按照臣子王朴的计策，在北汉勾结契丹南犯时，召大臣意欲亲征，曾有宰相冯道极力阻止，柴荣因言："唐初，天下草寇蜂起，并是太宗亲平之。"道奏曰："陛下得如太宗否？"柴荣怒曰："冯相何少也！"乃罢其相位。曰："我兵力之强，破刘崇山压卵耳！"

与此同时，南唐的李璟大概还在与"五鬼"吟诗作对吧，他已经没有了一个帝王血气方刚知人善任的能力，而后周这个胸怀策略想大展宏图的帝王柴荣在战争危险的时刻，冒死督战。北汉骁将张元徽被杀，刘崇单骑北逃，契丹军四散退逃，如此鲜明对比，高下立见。

这一战巩固了柴荣的地位，他趁胜整饬军纪，军营中多名将士因临阵脱逃被悉数斩杀，同时对作战有功的李重进、赵匡胤等将士给予重赏。

这样赏罚分明的做法大大激励了有识之士誓死效忠柴荣的决心，后周上下一片清肃。

在解除后顾之忧，攻下后蜀四州，挫败北汉后，公元955年，柴荣下诏，攻打南唐。

柴荣在诏书里详尽地表述了伐南唐的理由，并在三次攻伐南唐的战争中，两次御驾亲征，以表对这场战事的看重，也大大地鼓舞了前方的作战士兵。

而此时的南唐，李璟依旧沉溺在过去的繁华当中，看不清如今的南唐已经在后周的强大下岌岌可危。一直到后周兵临城下，南唐的君臣才开始警戒起来，慌乱之中准备向辽请求联盟共御后周，可没想到请战信早就被后周截获。不仅如此，后周还从中作梗，挑拨当时与南唐结盟的契丹，致使南唐与契丹的联盟关系破裂。

所以说，在两国之间永远没有长久的友谊，只有共同的利益。

七分靠打拼，我们可以一路上并肩坐着披荆斩棘，但是在最后的利益面前。你就是你，我就是我，利益让"友谊"解绑，剩下的三分靠天定。

李璟自知不敌后周的强劲实力，修书求和，柴荣岂是那等只顾眼前小利的目光短浅之辈，并不为所动。李璟几次求和，终于在提出取消帝号改称"唐国主"，割地赔款后，才在后周的铁蹄下换得了短暂的和平。

南唐这个国家，由独立国变为了后周的附属国。

已经加冠成年的李煜，在这段时间里，看过了南唐的繁荣昌盛，也看过了南唐的衰败颓唐，更看见了在这场乱世洪流里南唐的波折与未来。

在二十岁那年，随着后周来犯，李煜看着父亲李璟的满面愁容，似乎读懂了这个位子上的责任与负担，这积贫积弱的南唐，已经再也无法站在主动的位置上了。

被动就要挨打，这是历史亘古不变的道理。落后的南唐、贫苦的百姓、破碎的山河，一切都像是落日之前的晚霞，燃烧着最后的生命，无限接近黑暗。

公元 959 年六月，柴荣病逝。次年，禁军统帅赵匡胤发动陈桥兵变，建立宋朝，定都开封。

赵匡胤称帝后，为示友好释放了不少俘获的南唐将士。这一举动让李璟甚为惶恐，又进贡了不少金银前往恭贺，并承认北宋对于南唐有与后周同等的特权，南唐，依旧臣服于那片土地上的王朝。

即使在这样的时刻，李璟依然看不清形势，偏听"五鬼"宠臣，以迁都来逃离北宋爪牙的覆盖，此举不仅劳民伤财，于国于民都没有任何益处。

公元 961 年，李煜即位。

今人不见古时月，今月曾经照古人。

偌大的南唐迎来了它的新主人，可是这个新主人却不能带领这座江山和这国百姓挣脱桎梏，他只能陪着这个国家一起，走向未知。

岁月塑造出他的眉眼才思，看山看水满眼皆是诗情画意，命运却将山水打碎，起一阵狂风遮住眼，从此山高水远，都与他无关，再回首，便是戴冠加袍，帝王将相。

站在南唐的皇宫里，大风萧瑟，黄袍被风吹起而翻飞着，心底里似乎有个声音在叫嚣着要在这权力之巅追云逐日，可转眼夕阳西下、晚风萧瑟，内心只剩下了春花秋月。

一生很短，如手中沙，如白驹过隙；可情感很长如高川河水，绵延不绝。爱情是风花雪月的事情，一段感情里，情投意合的两个人怎么会管外界的纷扰，他们在这份爱情里，将思念，缠绵，哀愁，所有爱情里幻化而来的情感，都放在百转柔肠里细细刻画、慢慢咀嚼，使其隽永，也使其彻骨溶血。

《蝶恋花》

遥夜亭皋闲信步，乍过清明，早觉伤春暮。数点雨声风约住，朦胧淡月云来去。

桃李依依春暗度，谁在秋千，笑里低低语。一片芳心千万绪，人间没个安排处。

春意阑珊的夜晚，闲庭信步地走在水榭小亭边，清明才过，本是春光正好的时节，却因为心头之忧思积郁而对美景不以为意，才觉伤春暮。

在这个季节里，春雨偶有降临，本想细数雨滴听雨声，却因春风吹拂而乱了声音再听不清。心情一片愁云惨淡，抬头看，天上的月亮因积云而朦胧不明，就像我的心情被愁云遮住了眼睛而对春色不看不闻不觉。

虽已过了桃杏之花盛开的时期，但似乎空气里还残留着依稀可闻的暗香，远处传来谁在荡秋千的轻声笑语，她们说些什么听不清楚，但不断传来的莺语也是一番诱惑，如今，像这样无拘束自由自在的笑声已经越来越少了。

到底是有什么愁绪？不过是因为思念不在身边的人。徐再思的《清江

引·相思》说："相思有如少债的，每日相催逼。"满腹相思，举天地之
大，竟无一处可以安放。

思念二字，李煜大概是对它的理解深刻入骨了，擅长在诗中刻画出生
动的令人读来感同身受的感情。

夜月一帘幽梦，春风十里柔情。

在满面尘霜里，在璀璨韶华中，李煜恨不得将半生的时间，用所有感
官来感受爱。剥离掉所有的外在，无视了所有的障碍，尽情地爱了一场，
尽情地在爱里徜徉，全身心地去感受所有关于爱的喜怒哀乐，像是抓住白
日焰火，像是看见暗夜流光，也像是在万顷苍茫里，遇到了春暖花开的
存在。

大约是对南唐已经无可奈何了，李煜一边在自己的完美世界里感受着
所有细节，一边为让这样的日子久一点而卑躬屈膝奴颜婢骨。

《宋史》记载，李煜即位不久，还怕赵匡胤以此为借口兴师问罪开战
南唐，派遣宠臣携金银万两，并亲自缮写了《即位上宋太祖表》，南唐如
履薄冰的日子让李煜刚即位就抱有寄人篱下的卑微之感。

整篇文章，词句情深意切，由此可见，李煜即位时，南唐已经是何种山
河。曾经的太子之位从来不属于他，他也不曾奢望过这个位置，只求天高水
远乐逍遥，而皇兄接二连三地去世，他便成了大皇子，并坐上太子之位。

于是，在即位前想做的事情想过的生活，李煜统统在即位后实现了，哪怕是明知南唐风雨飘摇，他依旧义无反顾地走向了随心所欲不管不顾的道路。

或许是他比谁都看得透彻，本就无药可医的南唐，即使他再拼死博弈又能换来什么？谁也不能力挽狂澜了。北宋虎视眈眈，又内患不断，南唐，果然是气数已尽犹如夕阳暮色，马上迎来的就是黑暗了。

所以，即使登上了这个宝座又能怎么样，国家的历史早就已经被写好，我不过是个如末世帝王般垂死挣扎的人，只能照着前人的路走下去，否则，连如今偷来的短暂安稳都会失去。

李煜就这样在宝座上肆意挥霍，作为帝王被拘束的，他都要从这个皇宫里讨回来，仿佛是想在有限的人生里让每一天都过得随心所欲灿烂成花。

李煜在皇宫里安逸的生活，以及对北宋无休止的进贡献纳，真正背负这一切代价的，是最底层的劳动人民，这个国家狠狠地压榨剥削他们，来换取苟活的时间。

逢年过节，喜丧之事，李煜都要想着法子纳贡，以示自己的耿耿忠心和对于北宋的顺从和敬仰。

曾有记载，赵匡胤的母亲昭宪皇太后仙逝时，李煜特地派遣重臣韩熙载等人，带着从国库中选之又选的珍宝厚礼前往汴梁，以示自己犹如感同身受的哀痛。

用大量的金银财宝和世间珍宝等厚礼源源不断地送往汴梁，不过是为了在铁爪之下求得一线生机。

可北宋和赵匡胤是真的只是想要南唐的金银珍宝吗？

并不是这样的，赵匡胤的胃口，是整个南唐的版图，他想要的，是天下统一，区区南唐的一点金银，怎么会是他野心的终点，他要这普天之下都姓赵。

曾经，赵匡胤也几次劝李煜主动投降，可是都被李煜的鸵鸟政策躲避了。来使求见时，也称病不出，以为躲着便不会有兵戎相见的那一天，便一直可以这么苟且偷生着。

可惜李煜的满腹经纶都只能用在这诗词风月之上，而非有治国良策。如今的李煜，只想乱中求稳，哪怕是苟且偷生也好，只要没有亡国，李煜或许会一直这么龟缩着。

但是赵匡胤对于南唐这块肥肉早已经垂涎欲滴，拿下南唐只是早晚的事情，如今面对着李煜的龟缩对策，大约是惹怒了他，敬酒不吃吃罚酒，既然不能不动一兵一卒收南唐于北宋，那就只好兵戎相见。

毕竟，卧榻之侧，岂容他人酣睡！

史书记载，公元 962 年，赵匡胤开始了他一统天下的计划，征战荆南大获全胜后，切断了两国之间的联系；公元 965 年征服后蜀，而当时南汉与北宋距离遥远，硬攻不成，便决定劝降，并指派李煜作为中间人来规劝南汉对北宋俯首称臣。

李煜知道南唐与南汉本就唇齿相依唇亡齿寒，可如今南唐处于被动挨打的局面，若是今天忤逆了北宋，只怕会大难临头死得更早。

思索再三，李煜还是决定做北宋的棋子，为他劝降南汉。

李煜害怕引火烧身，可是他也知道，无论如何这把火，总有一天会烧到自己头上，只是时间问题。他只希望能拖晚一点，再拖晚一点。他骨子里只是个文臣，和父皇一样文人思想大过于帝王欲望，救国已经无望，他只能尽力拖延，让南唐这个国家在这片土地上屹立得更久一些。

可是又能拖多久呢？李煜一面在皇宫里谈诗词风月，来躲避这个国家所面对的现实问题，一面又心有忧思。

人人都说，南唐三代主，治国一个不如一个，诗词却一个强过一个。李煜和李璟，算是像极了，一样的文人风骨，骨子里都是对风花雪月璀璨年华的向往，却不管今宵是何宵，他们都同样地贪享乐，沉溺在诗词的富饶世界里不肯自拔。

李煜这个陌上人如玉的公子，不愿沾染半分尘世的灰尘，却又在这尘世里跌宕起伏，阅尽南唐的万般繁华，也尝到了情爱的迷人相思，更看透了深宫之中的缕缕血腥味。

曾以为就这样带领这个南唐蹉跎着一直过下去，便是一生了，可惜哪有这样一帆风顺的人生，李煜早就领教过了命运无常的滋味了。

人生是不是总有一些东西能遮住世间所有的美好，比如这权力和王冠，遮住了闲时看花、雨时听雨的闲情逸致，让人把所有的美好都抛在身后。

多少次坐在水榭边思忆往事，当年的红墙绿瓦金碧辉煌，如今依旧是这模样。可是时间总会改变一些东西，哪怕是在你看不见的地方。悠悠岁月长，几度樱桃红，经年之久，再回首，发现这天下，竟是满目疮痍不忍看。

十八年来不自由，南征北讨几时休。

恩爱两不移，鸳鸯不羡仙

生活从来都是不容易的，不会因为你已经很不幸了而饶过你，放你去走康庄大道，它只会让本就不堪的生活更加雪上加霜，它会让你知道祈求和祷告是多么无用，这痛苦的一切都是不可逆的。

乾德三年，公元 964 年，昭惠后周娥皇去世的那一年，李煜第一次正视了一国之主的职责，国家内忧外患，他的心情又何尝不是呢？外有北宋的欺压，内有挚爱逝世的悲痛，他也想过他还有这个国家要打理，他也明白，逃避解决不了任何问题，只会让一切陷入胶着。过去的那么多年，他已经透支了这个皇位所带给他的快乐，这份快乐的代价，便是整个国家的痛苦。

可是这个南唐就像陷入沼泽的巨石，越陷越深、越挣扎越深，他除了用微乎其微的力量拖着南唐便再无他法。时间长了，他身处这个乱世的中心，也同样被牵扯到这片沼泽里，日复一日、眼睁睁地，看着这一切沦陷，包括自己。

当时唯一能慰藉李煜的，便是嘉敏了吧。

娥皇的去世对于李煜和嘉敏刚燃起的爱火与激情，多多少少是有些打击的。无论如何，他们相爱这件事对于当时娥皇的去世，确实有些推波助澜的作用，哪怕这不是他们愿意看到的。

所以，愧疚总是在所难免的。

随着娥皇的离去，南唐的后位便悬空了，娥皇的妹妹嘉敏，那个与李煜一见钟情的妙龄少女，便成了李煜的母亲，钟太后认可的继后人选。只是由于这个小姑娘实在太小，就年龄而言，无论如何是和母仪天下沾不上边的，恐怕连后位的礼服都撑不起来，无奈，钟太后不得不将她暂时养在宫中。

于是嘉敏便安心地待在宫里，陪着李煜每日醉生梦死昼夜笙歌。

可是天不遂人愿，次年，李煜的母亲钟太后去世。

接连失去三位至亲，李煜整个人可以说是生不如死，精神上和心理上所承受的压力难以想象。若是说有什么能够形容这种伤痛，这世间大概再也找不出来了，李煜对人生都绝望了，命运从来没有，哪怕一次地对他幸运过或者偏爱过。

原来绝望是这种滋味。

李煜这位词臣误做帝王的国主，本就无心政事，如今爱子夭折、娥皇去世、母亲仙逝，看着犹如一摊烂泥的国家，更是头痛不已，整个人在极度矛盾里，一边堕落着，一边痛苦着，日日借酒消愁。

夜夜除非，好梦留人睡。明月楼高休独倚。酒入愁肠，化作相思泪。

醉倒楼台，醉眼看天下，满眼都是春色迷人，没有痛苦，没有爱别离、怨憎会、求不得。

醉眼里天下太平；醉眼里国富民强；醉眼里没有眼前的苟且，只有诗和远方。

嘉敏看着这样的李煜，哪里还有初见时如玉公子的模样？

人人都说帝王好，李煜却如世间"众人皆醉我独醒"的存在一般，抗拒着帝王的一切。可如今经历了这么多的坎坷波折，只想堕入无边的沉醉里，再也不清醒。

这世界，对他太残酷了。

于是嘉敏和李煜，像是末日的幸存者一般，在这冰冷的世界里相互依偎，相互取暖，这对伉俪虽近在咫尺，可却因守制而无法缔结夫妻关系。

嘉敏在这后宫之中本就没有品级，身份尴尬，如今太后仙逝，守孝三年，这婚期往后拖了又拖。

李煜知道嘉敏心里难过，便写下了小诗，将自己和嘉敏比作天宫中的牛郎织女，未过这守制之期，不得相守。

迢迢牵牛星，杳在河之阳。
粲粲黄姑女，耿耿遥相望。

嘉敏在李煜的心里，大概就是"至美素璞，物莫能饰也。"

有记载称："南唐国势早是江河日下，李煜对国事更没有了兴趣。专心致志地酒醉金迷。虽然对小妻子仍然宠溺，但在感情上和生活情趣方面却无复当年大周后时的盛况。"

这也从侧面反映出，南唐的飘摇岁月，已然经不起再一次纸醉金迷的荒唐。

公元 968 年，十一月，在三年守制过后，李煜和嘉敏终于完婚，嘉敏成了南唐国后，史称小周后。

这个婚礼，南唐倾尽财力，办得盛大而温馨。

国家本就内忧外患，这样铺张浪费的婚礼，让大臣抨击又讽刺，更是有大臣徐铉写诗讽谏：

《纳后夕侍宴》
天上轩星正，云间湛露垂。礼容过渭水，宴喜胜瑶池。
彩雾笼花烛，升龙肃羽仪。君臣欢乐日，文物盛明时。
帘卷银河转，香凝玉漏迟。华封倾祝意，觞酒与声诗。

时平物茂岁功成，重翟排云到玉京。
四海未知春色至，今宵先入九重城。

银烛金炉禁漏移，月轮初照万年枝。
造舟已似文王事，卜世应同八百期。

汉主承乾帝道光，天家花烛宴昭阳。
六衣盛礼如金屋，彩笔分题似柏梁。

诗中以汉武帝金屋藏娇来比喻李煜与小周后的奢侈，以此警戒李煜勤勉戒奢。本以为会惹火上身的徐铉没想到，李煜并未责难于他，反而一笑了之。当然，这些讽谏诗，李煜也并没有听进去。

如此豁达，或许是李煜作为一个文人的落落大方，也或许是对这乱世里仅有的良臣不忍苛责。这个国家的确没救了，我也没办法，我也从没想过什么办法，可你们依旧如此忠心耿耿，又让我如何忍心加以责罚？我不是个好皇帝，但我是个清明的文人。

　　这场婚礼给小周后带来了极大的心理安慰，古代名正言顺这四个字对于女人来说是意义重大的，意味着再也没有了提心吊胆的日子，约会也可以风光无限，而不是受人非议。

　　婚后的小周后与李煜终于跨过了内心的负担，在这段二人时光里尽情地放纵，耳鬓厮磨吴侬软语，日夜相伴。

　　终于，生活照进来一缕阳光，滋养着李煜干涸的心，从连绵不绝的阴霾里，断开了一个缺口，送进来新鲜的空气和清新的风。

　　只是不知道，这样的欢愉还有几日，他们抓紧这样的时光，像是末日前的狂欢，用仅有的条件创造无限的快乐。

　　不看山河落日，不问今夕何夕，只是沉溺在这样一片安逸的海洋里，看山是情；看水是情；看世间万物都是风情万种风姿绰约风光雾月。

　　我不知道李煜在雪天里，在梅开时，在执笔写诗时，会不会想到娥皇的才情，但是每当心有诗意而想与小周后交流时，精神世界的不对接一定会让李煜有过短暂的失神与失望。

　　小周后也不是庸俗至极的，小周后没有姐姐娥皇那般惊才绝艳，却擅长抚筝，常在宴会中抚琴助兴，李煜曾在初见小周后不久，就在宴会上听得琴声，那时候娥皇还在世，正是二人偷情时期，那一次的宴会，李煜为此写了一首词：

《菩萨蛮》

铜簧韵脆锵寒竹，新声慢奏移纤玉。眼色暗相钩，秋波横欲流。

雨云深绣户，来便谐衷素。宴罢又成空，魂迷春梦中。

描写了一位男子在宴席上对一位奏乐女子的钟情和迷恋，不必说，这便是李煜与小周后的写照。

小周后弹琴时的样子动人心弦，琴声悦耳，弹琴之人与李煜眉目传情，似乎是在传递着只有他们二人才知道的秘密。

二人的什么秘密？

便是那只可意会不可言说的爱意，两个相爱之人，近在咫尺却装作不相认，只用琴音当情音，眼波流转，除去妩媚，还有热烈的爱情。这种偷偷传情的刺激夹杂着快感，让李煜欲罢不能，于是宴会散后，内心忽然空洞，春光苦短，不忍离别偏离别的怅惘，情不能尽欢，却又相思不得，于是辗转成梦。

曾有野史记载，在娥皇去世时，北宋曾派遣使者吊祭，并游说李煜归降，许诺将北宋的公主许配给他，李煜未应。

这首词对二人感情的大胆直露，不拘礼制，描绘得形象生动。可见嘉敏与李煜恋情，见也是坚固而牢靠的。同样也让李煜"性骄奢，好声色，又喜屠浮；好高谈，不恤政事"的风格露出踪迹，有人评价这首词有色情之嫌，但也有人仍觉得有一种清丽明艳的风致，近人俞陛云的《南唐二主词辑述评》中也说此词："幽情丽句，固为侧艳之词，赖次首末句以迷梦结之，尚未违贞则。"这些都说明这首词虽然描写男女恋情，但未失清雅，也让人想起了那首"烂嚼红茸，笑向檀郎唾"同样被批判为淫靡艳词的《一斛珠》。

　　婚后生活对于李煜与小周后来说，除去国家的多舛以外，一切都很美好。哪怕这奢靡的盛况已经不复当年娥皇在世的时候，可李煜对于小周后的宠爱也让生活有滋有味。

　　小周后身上有着娥皇没有的青春活力，这对于暮色中的南唐与内心荒凉的李煜来说，都珍贵得像是难得的宝贝。小周后善琴棋，他与她整日整日地把时间消磨在棋盘上，陪着她玩，陪着她笑，陪着她闹，甚至陪她染布做衣，绿色被彻夜的露水侵染，变成了令小周后惊喜的颜色，赐名"天水碧"。

　　而后，宫中随着小周后的带领，便开始流行这种绿色。这让我想起了当年大周后娥皇引领的另一个风尚，高髻纤裳及首翘鬓朵的宫装，由此可见，姐妹二人皆为才女。

　　李煜与小周后都爱焚香，宫里的香坊便由小周后带领看管。这个曾经属于大周后的香坊，以及那些跟过大周后的宫娥们，现如今只对小周后唯命是从。

　　皇宫啊，从来不管这是是非非，它永远只是用一个旁观者的角度来看世事变迁人际变换，这皇宫里的人，亦是如此。

　　与大小周后在一起的这段时间，大概是李煜人生里感受到幸福和快乐最多的时间了吧，所以李煜才对于爱情这么渴望与看中。

在爱情里，无论是非都被渲染上了朦胧美好的色彩，没有人去针对一个拥抱一个眼神来纠察对错。所有的时间和精力都花在了赏日落前天上的色彩，品宴会上一杯酒的醇和，看春末时繁花飘落的角度，对方眼里的笑意就是两个人爱情的最好表达。

荒废朝政的生活里常有大臣劝谏，李煜便表面上做出一副贤君的样子，不过几日，却又故态复萌，与小周后躲进寝宫里，沉浸于通宵达旦的歌舞宴会。

二人经常在宫内画堂独处，偶尔李煜看着小周后那张和娥皇相似的面庞静静思索。这样的一片静谧却让小周后内心发慌，她很聪明，从来不会质问男人是不是还想着别的女人，她知道男人都不喜欢被这样质问，哪怕事实如此，历史告诉小周后，女人有时候太聪明了，也会不讨喜的。

她以软弱的姿态泪眼蒙眬地问李煜，她是不是太自私了，抢了姐姐的一切，她对不起姐姐。

她想起在娥皇葬礼上的李煜，已经由一个温文儒雅的青年体貌，变成了形销骨立、捉襟见肘的瘦弱身躯。小周后内心也曾反思过后悔过的，甚至做过激烈思想挣扎的。

可惜这世界上的感情从来都没有能够一刀斩乱麻的，若是有把刀这么锋利无比，那这世界上哪还有什么难以割舍的情爱，人人都是情感的大师，佛祖座下戒骄戒躁、绝情绝爱的神僧，扶手眨眼间，青丝断，红尘缘尽，又哪来那么多青灯古佛孤枕薄衾；便是这世上所有的情爱诗歌，连同"一寸柔肠情几许？薄衾孤枕，梦回人静，彻晓潇潇雨"，都是故作哀伤无病呻吟的做作与无聊。

既然可以随手就拿起又放下，那怎么又能称之为感情呢？

感情，从来都是身不由己，令人脸红心跳的，心里想着要故作矜持不漏声色，可面上早就红若桃花喜不自胜，连眼睛里都冒着动人的氤氲。

所以他们也曾愧疚过，也曾后悔过，可还是抵不过爱情暴风雨所带来的新鲜和刺激，恨不得周身都环绕着送信的青鸟，在分开的哪怕一分一秒，都要让对方知道，这情思暗涌，这爱意无穷。

得成比目何辞死，愿作鸳鸯不羡仙。

离恨恰如草，更行远还生

终于，这南唐的天，要变了。

公元970年，发生了一件大事，而做出这件"大事"的人，却是个名不见经传的落榜书生，樊若水。

樊若水本是南唐的一个落魄书生，他生于乱世，见过南唐这个国家的朝政腐败、民生凋敝，因屡试不中，空有一身想法，便觉得自己怀才不遇。恰在此时心灰意冷间来到采石矶的广济寺遇到了一名僧人，听说了北方宋朝的赵匡胤对南唐早有野心，只是苦于长江这道天然屏障无法输送大量军队，樊若水便想以此作为契机，展现自己的才能，借此投靠北宋，改变自己如今得不到认可的现状，为自己谋一个出路。

在樊若水看来，良禽择木而栖，人择主而伺，既然南唐本就摇摇欲坠，还没有识才之眼，那便只好投奔强者，这件事没有什么绝对的对与错。

为了得到赵匡胤的另眼相看，樊若水缜密地思考与筹划，想出了一个大胆的方法，便是架浮桥以渡江，更为了这个想法，他将南唐的要塞采石矶的地势情形描绘成地图。

事成之后，樊若水趁夜叛逃前往北宋的汴梁。

随着樊若水这一去，南唐似乎被逼入了绝境，李煜曾因为这道屏障有恃无恐地在宫中行乐不理朝政，对赵匡胤派来的使臣也避而不见。如今樊若水的这个想法，是将南唐整个国家的软肋都暴露给了北宋。

果然，赵匡胤在看了樊若水带来的地势图后欣喜若狂，顿觉天助我也。本来他很瞧不起背叛自己国家的人，可是念其甘愿为北宋效犬马之劳，也确实有点头脑，便授职樊若水参与北宋策划征伐南唐的机务，也是希望樊若水能够利用自己对南唐的了解来帮助北宋在进攻南唐时获得更大的胜算。

而南唐这边，樊若水叛国投敌的事情没过多久就败露了，引起了群臣愤怒，上书要求捉住樊若水的家人并以叛国罪处死。

可是李煜还是不敢抓人，害怕赵匡胤会迁怒自己，李煜的懦弱，可见一斑。

对于李煜的软弱躲避政策，北宋赵匡胤开始得寸进尺，在他的软硬兼施下，李煜只能一直步步退让。

他曾经以为，有着长江这道天然的屏障阻挡，北宋伐南唐的脚步会被一直拖延。可是内心装着天下一统的人，怎么会让一条河挡住了脚步，即便没有樊若水的献计，北宋早晚也是要将南唐收入囊中的，更何况如今有了樊若水的计策，北宋更觉如虎添翼。

于是北宋开始练习水战，凿河造船。这一切的行为，都让李煜寝食难安。为讨得生存，他更加降低了自己的身份，将一切礼仪都以北宋为准则，并取消国名，改称江南国主，会见北宋来使时，脱下黄袍，改换臣子穿的紫袍。

如此自降身份委曲求全，以为能退一步海阔天空，换得暂时苟延残喘的机会。却不曾想，一味地后退和求全已经让南唐陷入了一个怪圈，纳贡不等于有生存的机会，南唐是北宋垂涎已久的肥肉，是一定要弄到嘴里的，只不过还没清理好这块肉身边的荆棘，对北宋而言这只是时间问题，而这个"清理荆棘"的时间，却又让李煜和整个南唐苟活了一段日子。

可是该来的总会来，山雨欲来风满楼，北宋的铁蹄踏过了荆南、踏过了后蜀、踏过了南汉，势不可挡地朝着下一个目标进击，作茧自缚的李煜，终于尝到了第一个恶果。

马书卷七，《宗世卷·邓王从镒》记载，李煜派弟弟李从善前往北宋，从善离开时，李煜设宴为他送别，在宴席上当场作了一首《送邓王二十弟从益牧宣城》：

且维轻舸更迟迟，别酒重倾惜解携。
浩浪侵愁光荡漾，乱山凝恨色高低。
君驰桧楫情何极，我凭阑干日向西。
咫尺烟江几多地，不须怀抱重凄凄。

本是为依依惜别之情所作，却没想到，真成了离别之诗。

被派遣去北宋的李煜七弟李从善被当成质子扣留在了汴梁，被封了个"泰宁军节度使"，并被赏赐金银与豪宅，开始了软禁的生活。

本就提心吊胆的李煜，如今手足又被羁留在汴梁，整个人都大受打击，曾经在父皇李璟的面前许下诺言要兄弟同心的李煜，如今却亲手将从善送入了北宋的虎口。他懊恼又悔恨，恨这乱世沉浮，恨天不遂人愿，也恨自己的软弱可欺，可是又有什么办法？他的南唐，哪里有什么资本与北宋平等谈判？

他记起从前与从善闲来聊天，从善说他喜欢春天的雨，喜欢不骄不躁的天气，喜欢袅娜多姿的清风。从善说他喜欢秋季的风，春种一粒粟，秋收万颗子的成就之感。从善说过的话，像一片树叶落于水面，轻飘飘地溅起了李煜心里的一片涟漪。

春夏秋冬，李煜年轻时总是夏天爱冬天，冬天盼夏天，喜欢这样极度寒冷或者极度酷热的四季之极端，恨不得连生命也要过得如此浓墨重彩，等老了也可以张口说出"老夫聊发少年狂"的霸气无双。可成年之后阅过山高水长，整颗心忽然沉淀了下来，在这个洒满尘土霜华的世界，夏冬这样热烈又极端的季节，开始喜欢软软的春季和柔柔的秋季，连风都是温热绵绵的，夹杂着春暖的气息和花开的香味，夹杂着硕果累累的果香，不激烈也不锋利。

他心里也知道这个南唐，也经历不起夏日的酷热与冬季的严寒了。

衣缺不补则日以甚，防漏不塞则日以滋。北宋本就有席卷天下、包举宇内、囊括四海之意，和吞并八荒之心。只不过南唐国土辽阔，是个富庶之地，赵匡胤不想贸然行动，便先收拾了南唐周围的国家，可是就算山林再大，也经不住野火的焚烧，江海再深也灌不满一个有漏洞的酒壶。北宋这把野火，始终是要烧到南唐国土上的。

这无数的烦恼，从他荣登大位的那一天就埋下了伏笔。如今北宋变本加厉，当年的"伏笔"，如今也已经长成，瓜熟蒂落，这最终的苦果，终于被端到了李煜面前，由他看着，由他细嚼慢咽地吞下。

这其中过程之痛苦，李煜内心之绝望，日复一日，他可能也想过死亡吧？

与其被拖着永无翻身之地，似乎死亡才是一了百了的最好方法。可他是国主，是君王，也是丈夫，肩头的担子太重，所以他不能这么做。死亡只会让南唐内乱，加重这个国家的忧患，加速这个国家的灭亡——虽然这南唐早已经称不上一个独立的国家了。

他曾几次请求赵匡胤，放了弟弟从善，言辞之恳切，让闻者不忍。可是赵匡胤岂是那种妇人之仁，被感动就会网开一面的人？若他真是这类人，那这北宋，大概也就是第二个南唐了。

想起从前，与从善的饮酒作对、惺惺相惜，如今转眼，从善却在他国思故乡。他也恨自己的软弱啊，看着从善的妻子整日哭诉，犹如一记响亮的巴掌，在控诉自己的无能为力，他更恨不得是别人做这个国主，恨不得当时被派遣去的是自己，如此便可不管身后事，就这么懦弱地待在北宋。

极度伤心的李煜，在苑中来回徘徊，悲从心中来，为从善写下了一首词：

《阮郎归·呈郑王十二弟》

东风吹水日衔山，春来长是闲。落花狼藉酒阑珊，笙歌醉梦间。

佩声悄，晚妆残。凭谁整翠鬟？留连光景惜朱颜，黄昏独倚阑。

东风吹动春水，远山连接着落日，春日里来半日闲。落花一片狼藉，意兴阑珊，吹笙唱歌整日就像醉中梦里一般。

春困醒来，晚妆凌乱，但谁还会去整理梳妆？时光易逝，朱颜易老而无人欣赏，黄昏时候只能独自倚靠着栏杆。

如此描写女子伤春闺怨，赠送给其弟李从善用在当时的南唐，也是再贴切不过了。"落花狼藉酒阑珊，笙歌梦醉间"，梦里这南唐还是那般模样，国泰民安，宫里到处都极尽奢华，歌舞升平，可惜梦醒无奈。

这首词，有传说是以从善之妻的口吻写的，如此想来，也是符合。

在这种悲伤思念之下，从善的软禁不得归让李煜非常想念他，常常痛哭。这首词就是从善入宋后未归，李煜思念他而作。

从前，他最看重的便是手足之情，哪怕大哥李弘冀曾多次暗中陷害，他依旧从不曾埋怨过大哥半点。如今，手足之一的从善被软禁，这让李煜怎能不悲伤难过，曾经的兄弟之情历历在目，却都已经成为回忆，只存在于自己的脑海里，这距离有多遥远，这思念就有多绵长。

《采桑子》

辘轳金井梧桐晚，几树惊秋。昼雨新愁，百尺虾须在玉钩。

琼窗春断双蛾皱，回首边头。欲寄鳞游，九曲寒波不溯流。

已经是深秋时节了，梧桐树下，辘轳金井旁，落叶铺满地，为这萧瑟的深秋平添一份寂寞。入秋后树叶的颜色，树木的模样，连同茎叶和脉络都被寂寞点缀。连人见了这秋色也忧愁。手扶百尺垂帘，眼望窗外细雨，旧愁之上又添新愁。

当初一起欣赏这秋色的亲人，如今在那个陌生的地方，是否也望着同样的天，在思念着故乡的亲人。

闺中的思妇独守着琼窗，想到韶华渐逝而自己却有诸多心愿成空，对这个本是代表着硕果累累收获季节的秋季，内心忽然一片凋敝，双眉紧皱，愁入心头。回首征人久无音讯。想要寄书信，可是江河寒波滔滔，溯流难上，思妇只能在孤独寂寞中苦苦守望。

这顺流而下的江水啊，能否带走我的思念与忧愁，这吹动不停的风啊，能否带来远方离人的消息？

从善的被囚，让李煜忧心如焚，时常临窗北望，暗自泣泪。自幼便重视手足之情，这让李煜对自己亲手将从善送入"囚笼"这件事耿耿于怀，也为远方的兄弟牵肠挂肚，不知该如何是好。

时间如水缓缓地流走，今又重阳，在这个特殊的节日里，本该是家人团聚登高祭祖的日子。可是如今，连亲人手足都远在他国，这破碎的南唐如何能有一份拿得出手的成绩来告慰列祖列宗？这重阳节的酒，也变得万分苦涩，也不知道登上南唐最高的那座山，是否能看见远方的亲人？

九月初九，"九九"谐音也有长久之意，愿恩爱的人情能长久，愿手足亲人能相伴长久，可这样美好的寓意，却被打破了。

唐王维有诗《九月九日忆山东兄弟》：

独在异乡为异客，每逢佳节倍思亲。

遥知兄弟登高处，遍插茱萸少一人。

李煜何尝不是如此，"遍插茱萸少一人"，这一句更是勾起了李煜的无限伤感，也挥笔写下了《却登高文》，回忆了曾经与从善在一起举杯共饮、登高远望、共享声色的往日。而如今天南地北各在一方，不知归期，这样的思念，也不知道何时休。

望眼欲穿，问君归期未有期，当年高谈阔论把酒言欢，这样的日子，以后都不会再有了。

明月照不尽离别人。

《谢新恩》

冉冉秋光留不住，满阶红叶暮。

又是过重阳，台榭登临处，茱萸香坠。

紫菊气，飘庭户，晚烟笼细雨。

雍雍新雁咽寒声，愁恨年年长相似。

李煜在从善还未去北宋时，还以为这样的日子还可以有很多，也不觉得痛苦难耐。可如今从善被赵匡胤软禁，真到了"落花狼藉酒阑珊"的时刻。李煜的精神始终在清醒和沉溺之间游走，闭眼忘却浮生，睁眼看透现实。

留不住的秋色，留不住的南唐，李煜坐在台阶上，看红叶落满地，看这恨似年年同，这季节更替风云变幻，连内心的波动也开始慢慢改变。

又想起当年皇叔被兄长残害的事情，他曾对亲情报以最大的期望，可现实一次次地叫他失望。从善与自己有着深厚的手足亲情，却被北宋禁锢，难道皇宫就应该是表面浮华，亲情淡薄的吗？

"愁恨年年长相似"，一年又一年的愁恨似乎从来没有断过，人生最开心的时候也最短暂，总是年年旧愁新恨不间断，这个一国之主似乎过得永远这么愁云惨淡。

《清平乐》
别来春半，触目愁肠断。砌下落梅如雪乱，拂了一身还满。
雁来音信无凭，路遥归梦难成。离恨恰如春草，更行更远还生。

离别以来，春天已经过去一半，映入目中的景色让人柔肠寸断。阶下落梅就像飘飞的白雪一样零乱，把它拂去了却又飘洒得一身满满。

鸿雁已经飞回而音信毫无依凭，路途遥远，要回去的梦也难形成。离别的愁恨像春天的野草，越行越远越是繁生。

在恼人的春色中，触景生情，思念离家在外的亲人。思念一直连绵不绝，像波涛汹涌，也像静水深流，在每一个日落黄昏里，在每一眼窗外的景色中，它往往伴随着回忆，在寂静无声的深夜，一次次席卷脆弱的心灵。

从善也不想被软禁在北宋，可从善有什么错？他错就错在生在皇室，皇亲贵胄，从一出生开始就有了注定的人生，每个节点，可能会碰到什么事情，这是皇族的不幸，也是他们的不幸。目前看来，这一切都是不可逆的，拥有了这样高贵的血统，就要承受等同于这份殊荣的责任，或者说痛苦。

从善和李煜这样的天家贵胄所受到的痛苦当然不只是我们所能想象和体会到的疾病或灾难。命运比起世界上最好的编剧总是有过之而无不及，因为它除了有世人都可见的美好一面，更是总能在你报以希冀的时刻，给你一记响亮的耳光，再将事件翻转到背后，给你看裸露狰狞的疤痕。从善被困、李煜即位、娥皇去世、南唐没落，人说"南唐天子多无福，不作词臣作帝王"。本来就和皇位格格不入的人，却偏偏被推上了这个位子，他们做不到一个优秀君王那样运筹帷幄之中，决胜千里之外，他们的即位，意味着注定要让这段历史蒙尘。

同样聪以知远、明以察微，只是他们都用在了别的地方。

他们也曾抗争过，可是他们总不能剥皮抽筋一般改头换面。从一开始的满腔热血，像夏天的似火烈阳，不撞南墙不回头，到后来头破血流顺其自然，颓然之势犹如冬季凛冽的风，刺得人骨头都冷。

活在这样的国家里，坐在这样的位子上，李煜由小周后陪着一起整日借酒浇愁，他曾经彻夜饮酒。我无法想象，李煜承受了多大的痛苦和哀伤，但似乎他脚边的酒瓶能够证明，天上的明月也能证明，李煜这半生，活得既被动又纵情。他在皇位上纵容着自己花天酒地，而内心的空洞让他在爱情里寻找归宿。在李煜的诗词里，除了做皇子时，被爱情滋润时，其他的时间里，都将整颗心和整个思想浸泡在了漫无边际的"愁"字里，似乎是在这半生里将"愁"这一字打碎了又放进口中仔细咀嚼，嚼烂了然后吞下融于血液中。一个气息是愁，一个眼神是愁，一首小诗一阕词都是愁云惨淡的意境，因为自身软弱可欺，于是得到了更加密集的痛苦；而他在某一程度上是被动的，因为背负着这南唐江山，于是承担了更加厚重的忧愁。

我们总是在怨他时，忘了他的无能为力。

他绚烂诗词的人生下面，是灰暗无光的江南国主。

世事随水流，浮生若一梦

汉班固《汉书·东平思王刘宇传》有言："福善之门莫美于和睦，患咎之首莫大于内离。"

赵匡胤正是抓住了这一点，派遣画师混进南唐军营，画下南唐大将林仁肇的画像拿回北宋，并利用被当作人质的从善之口，传递了虚假消息，离间了林仁肇这个骁勇战将与南唐的关系，李煜开始怀疑这个老臣林仁肇的忠心，将其鸩杀，并扣上了个"叛国通敌"的罪名。

说起离间计，早在《三国演义》里便有一段让人印象深刻的故事：因为董卓和吕布狼狈为奸、残害生灵，偏偏吕布武力高强，众人皆不敢与董卓对抗。后来王允逆向思考曲线救国，把思考方针由"如何对付吕布"变成"如何拉拢吕布"，后来使了美人计，让貂蝉挑拨董、吕二人的关系，最后吕布终于诛杀了董卓。

由此可见，从敌人内部打出去的拳头最为致命，林仁肇这个南唐大将，就这样轻易被拉下马，不是战死沙场，而是从沙场舔血归来后，被莫须有的罪名给杀死了，对于一个战将来说，可悲至极。

我想李煜在不停地纳贡来换取苟活的时间如同饮鸩止渴时，在虎口下生存一定是草木皆兵的，而最可怕的地方就在于，敌人能够轻易打破他的内心防线，可自己已经没有辨别是非的能力，只能被对方牵着鼻子走。

在朝政上，南唐大小事务李煜都要派使臣上报给北宋，听取北宋的命令后才下令；在生活上，完全按照北宋的臣下仪仗来面对北宋，一个君王，在南唐穿自己的黄袍都要遮遮掩掩偷偷摸摸，如此屈己待人，内心就算有诸多不满也只能打碎牙齿往肚里咽。

于是这个温雅的文人愁绪如泉涌，写下的诗词犹如声声血泪。

李煜本有着比女人还要多的感性，内心所感永远大于脑袋所想，见风见雨见梅花开，都是诗意盎然的存在。若是不做帝王，李煜或许会真的在宫外的远山处盖一所小屋，做一个真正的隐人居士，会吟出像"白日放歌须纵酒，漫卷诗书喜欲狂"这样的豪放之句，也会写出"好雨知时节，当春乃发生"这样的时节之诗，人生满足好不惬意。

秦观有诗云：

赏花归去马如飞，去马如飞酒力微。

酒力微醒时已暮，醒时已暮赏花归。

这大概才是李煜曾经追求的生活，皇位是这个身份所强加给他的，不是他自己内心承认的。

而北宋有赵匡胤这个铁血战狼，他的情绪里少见离愁别绪这样子的感性，他只有利落的理性感知，他甚至有着"黄沙百战穿金甲，不破楼兰终不还"的磅礴恢宏之志气。

他前进的马蹄从未减慢，南唐是块肥肉，兵戎相见势必会杀敌一千自损八百，他也想不费一兵一卒就拿下。可惜李煜虽然软弱可欺，但也知道固守底线，南唐的江山是李家打下来的，到了他这一代，不能繁荣昌盛也就罢了，他不能拱手相送。

在赵匡胤一次次利用李煜的软弱而步步紧逼，半威胁着要他们自愿献出南唐，纳土入朝时，李煜再一次采取了鸵鸟政策，一拖再拖。或是避而不见，或是称病不出，哪怕赵匡胤许给了李煜再大的承诺和好处。李煜不傻，他也知道，赵匡胤嘴里冒出来的承诺都是泡沫，画一张大饼给他看看而已，北宋实际上早就打造好了精致的牢笼，时时刻刻准备着让李煜被这谎言环绕然后自投罗网。

北宋便派遣使臣赶往金陵，紧紧相逼，并宣读赵匡胤的诏令："朕将以仲冬有事圜丘，思与卿同阅牺牲，卿当着即启程，毋负朕意。"

已经叫嚣到家门口了，李煜内心心急如焚，只好称病推脱。来宣诏的使臣气势昂昂，对这个国主也是毫不在乎，一副目中无人的样子，李煜本就软弱，怎敢对北宋有任何不满不尊之言行。

北宋与赵匡胤就像个巨大的网，遮天蔽日，一步步蚕食着南唐的疆土，李煜身在这张巨网之中，逃避无门。当然，这张网里不只是有南唐，它们都被北宋拆骨入腹，以一股势不可挡的力量席卷着整片土地。

《青玉案》
梵宫百尺同云护，渐白满，苍苔路。
破腊梅花李早露。
银涛无际，玉山万里，寒罩江南树。

鸦啼影乱天将暮，海月纤痕映烟雾。
修竹低垂孤鹤舞。
杨花风弄，鹅毛天剪，总是诗人误。

天迟早会变，李煜时常醉酒于宫中，倚靠在栏杆上，看这片黑暗下的皇宫灯火通明，一片欣欣向荣的景象。可李煜自己明白，这景象下的实质。

"鸦啼影乱天将暮。"

他时常静坐于此处，看着宫人依旧笑着脚步轻快地经过，她们不是李煜，不知道过住所担的重担有多重有多苦，李煜也不是她们这样的普通宫人，无法有这么轻松的脚步和愉快的谈话。他望着镜子里早生华发的两鬓，鬓如霜，三千烦恼丝早就熬白了，多想挥别一切剃下一头发丝，就这样遁入空门不管不顾，从此山河变换朝代更迭都不再与他有关，他只需要担心今日诵百遍经和明日挑一担水。可是李煜是软弱的，对任何人都狠不下心来，也包括他自己。

　　他也害怕自己受苦，害怕自己食不果腹衣不蔽体，说到底，他从来都抛不下这荣华富贵，他做不到"一狠心一咬牙"。李煜的整个人整颗心都是柔软的，我们甚至可以用拖泥带水、优柔寡断来形容，所以才用情至深，重手足，也重感情，唯一一点坚硬的地方，大概就是对北宋一遍又一遍的"称病不见"。

　　可是从来无人问他可甘愿，无人问他多愁苦。

　　人生短暂，犹如石火，炯然以过。

　　他曾幻想自己的这一生，志在感知四季的变换，人情的冷暖，也志在自由自在，开花、结果、落叶，最后却什么都没有。

　　熬过一个又一个深秋，除了逐渐斑白的头发，什么也没有留下。

《乌夜啼》

昨夜风兼雨，帘帏飒飒秋声。烛残漏断频欹枕，起坐不能平。

世事漫随流水，算来一梦浮生。醉乡路稳宜频到，此外不堪行。

　　昨夜里，屋外风雨交加，遮窗的帐子被秋风吹出飒飒的声响，一声一声地敲在我心上。窗户外那令人心烦意乱的风声雨声整整响了一夜，蜡烛燃烧得所剩无几，壶中水已漏尽，令我无法入眠。我不停地多次起来斜靠在枕头上，躺下坐起来思绪都不能够平稳，又或许是怀有心事，漫漫长夜无心睡眠。

　　人世间的事情，如同流水东逝不加停留，说过去就过去了，想我这一生，就像做了一场大梦，如今一场大梦归，以前荣华富贵的生活已一去不复返了。

醉梦里大道平坦无忧愁，可梦醒后，现实袭来却是处处寸步难行。

又是一个失眠的夜晚，已经不知道第几天，数着天上的星星和虫鸟的鸣叫，竟然半点睡意也无，越来越深的焦躁和烦恼缠绕着李煜，在他心头叫嚣，心里放了太多的事情，心绪不断，如何能心无杂念地睡着呢？

小周后时常看见李煜一人独立昏黄下，或是醉酒倚栏杆，她心里知道这南唐要有大难，可她再聪明也不过是深宫妇人，如何能议论妄断这些事，只好力所能及地让李煜感受温暖，给予他安慰。李煜与小周后这对患难夫妻，从开始的一见钟情醉生梦死，也变成了后来的相濡以沫不离不弃。

本是娇生惯养的富家千金，如今也会为了李煜洗手做羹汤，对于国事缠绕备受折磨的李煜来说，小周后的安慰无疑是一泓清泉，滋养心田，甘甜回味，就像是一场及时雨，让李煜对这位女娇娥也尤为看重。小周后就这样全身心地投入到"为李煜而活"的生命里，她和大周后娥皇一样，都是在妻子这个角色上做得十分优秀的人，都是让李煜钟爱惦念的人，在这个乱世里，虽然多恩爱也不复当年娥皇在世时候的盛况，可是李煜依旧力所能及地倾尽所有给予小周后最好的生活，二人相互搀扶着，在这个沉浮跌宕的洪流中小心翼翼地活着。

小周后的温柔体贴曾经给李煜一段时间的麻痹生活，让他忘却了尘世的烦恼，尽情沉醉在他想要的快乐里。醉乡路稳宜频到，这小小的金陵城，就像是整个南唐的缩影，同样上演着喜悲别离、痛苦和无奈。

可是短暂的沉迷依旧无法掩饰内心的荒凉，也无法掩盖南唐每况愈下病入膏肓。从沉醉里清醒过来，便是李煜最痛苦的时刻，落差之大犹如云泥之别。

整日沉浸在痛苦和自我麻痹的两种状态下，人的神经大概已经衰弱且抑郁极了。

南唐即将如同泡沫般被北宋碾压在历史的长河中，会有这么这一天，也是历史的必然。"庭前花谢了，行云散后，物是人非"，或许他曾经有片刻清醒，回想起当初从李璟手中接过南唐的重担时内心那一瞬的划过远大抱负，也回想起李璟去世时曾握着他的手，眼神中的郑重和悲怆。可惜往日繁华，如今骤变，回想起来心生苦楚，可惜哪里有什么后悔药可吃。

"无情最是台城柳，依旧烟笼十里堤。"

在这样强大的精神压力之下，李煜依旧选择了求神拜佛。

历史上唐太宗李世民也同样信奉佛教，而与李煜不同的是，唐太宗推崇佛教一直秉持着初心，让百姓安居乐业，让国家繁荣昌盛。

"让那些因为战争死难的亡魂，闻到晨钟暮鼓之声，能够变炎火于青莲，易苦海为甘露。"

在他看来，"出家者乃大丈夫事，非将相所能为！"

我不否认李煜也同样有为国家百姓祈福的愿望和初心，只是后来，国家乱了，初心也变了。

即位之初，他长跪佛祖面前，祈求天下太平苍生有福，可惜还没等佛祖听见这个信徒虔诚的愿望，本就日渐式微的南唐因为李煜的奢淫无度不理政事而开始雪上加霜。

他的心里少有苍生黎民，多是小我的欢愉。

一个国家有这样的统治者，他心软信佛，也懦弱无能，到底是庆幸还是悲哀？

李煜的软弱，由整个南唐来背负着后果，李煜的奢华，也是由整个南唐来背负代价，可是这个南唐的贫弱交加，又有谁来分担呢？

李煜痛苦，可是黎民百姓更加痛苦，眼睁睁等待死亡，或许说是期待更为合适。而李煜痛苦，却依旧能风花雪月。他写诗喝酒，将愁思赋予笔尖，在诗词意境里诉说自己的悲哀，在醉眼里寻找那仅有的三寸天堂。

《古今词话》称："后主疏于治国，在词中犹不失为南面王。"

第四卷：玉楼瑶殿枉回头，天上人间恨未休

一切有为法，如梦幻泡影

佛，是梵语，在教徒的心中是最高的觉者。觉，觉悟，本意，是觉知、明白。佛陀明白了众生万物本性皆空，皆是因缘而生、因缘而灭。

李煜信奉佛教，意在将佛祖当作自己与南唐最后的救命稻草，请求佛祖赐予一条生路。可是佛祖不是万灵药，心想事成这种事情只是一个愿望。

就像溺水的人会本能地抓住一些东西以此维持平衡，佛祖就是此时李煜的一线生机。佛祖只能宽慰和寄托一颗焦躁不安的心，只能指引迷途的方向，但将佛祖当成了救世主，像对待北宋一样对待佛祖，以为只要毕恭毕敬尽心尽力地做一个虔诚的教徒，就会换来一段时间的安宁是行不通的，佛教也是讲究因果报应的。

一切皆有因果。何为因果？即是原因和结果，种下什么样的因，得到什么样的果。"因缘果报"，也可以理解为"因——缘——果"，一粒种子埋进土里，如果没有水分养分和阳光照耀的"缘"，也未必能够开花结果。

南唐的没落，是因为帝王的无作为，也是那个时代的必然。在那个信

奉"天赋皇权"，认为皇帝能够上达天听的古代，李煜垂拱而治，君王的权力不需要他有积极的作为便能贯彻下去；他不曾真正关心过朝堂百姓，他被禁锢在"小我"的范围内，却想着祈求佛祖的福祉庇佑南唐，自己坐享其成，而真正一国之君所应担起的职责，早就被他抛在脑后，连个样子都不想做了。

摘下一朵玫瑰，你必须要连同玫瑰花茎上的刺，也一同摘下。

如今，这个曾被奉如天神的南唐已朝不保夕了，李煜只一心求保，却不想治。

在某一个方面来说，他简直是个糟糕透顶的皇帝，自私、无能、懦弱，所有亡国之君最致命的缺点他都有。

而另一个方面，他也是无辜的，只是被现实推上了这条路，挣扎无望，这算不算是当年李璟种下的因？

说起对皇位的无所谓，让人不免想起清顺治帝，董鄂妃死后，伤心不已，遁入空门，留下一首诗，其中一段是：

黄袍换却紫袈裟，只为当年一念差；我本西方一衲子，为何生在帝王家。十八年来不自由，南征北讨几时休；我念撒手西方去，不管千秋与万秋。

或许绝大部分人都对权力和皇位有着极大的兴趣和欲望，于是对它不感兴趣的人，便是那么显眼的存在，且不被人理解。

于是，佛祖就成了这些"异类"唯一的倾诉对象，而这个"异类"包括李煜。

李煜本就信佛，自从当上一国之主，眼看着国家在危难存亡的边际挣扎却无计可施，内心颇受煎熬。于是佛变成了李煜的精神领袖，寄托他所有喜怒哀乐和对国家束手无策的痛苦。

这样大张旗鼓、不顾民间疾苦、近乎偏执地推崇佛教，兴建佛寺，让本就风雨飘摇的南唐百姓更加水深火热。后来兴办道场与寺庙已经不能满足李煜，暮年南唐的佛教盛况，用"南朝四百八十寺，多少楼台烟雨中"来形容毫不夸张。

而没想到的是，崇佛尚经的李煜却因此栽了跟头，惹来灾祸。

南唐有一名刹古寺，由于李煜对佛教的推崇，来此求佛问经的人很多，除了寻常百姓，也有出家人。其中便有一法号"小长老"的僧人，是这座古寺的新住持。

本就尚佛的李煜，在宫里也有修建佛堂，更是时常动用国库，广邀天下名僧来此禅佛讲经，这位小长老，也是经常有机会出入宫廷的。

每逢小长老前来讲经，李煜更是自己也换上僧衣，以祈求佛祖的保护。不仅如此，他还带着小周后一起，每日去佛堂里朝拜，这虔诚的程度可见一斑，甚至比上朝还要积极，为表诚心，他还取了个"莲峰居士"的佛号，在佛堂里，只称这个佛号，而不称国主。

小长老看着这个昏庸软弱的李煜，如同见到了南唐的晚景，内心不禁感叹，有这样的国主，南唐的覆灭，大概是不需要多大的力气了。

李煜不知道的是，这位小长老的真实身份是北宋派来的奸细，意在从南唐的权力中心，皇宫的主人——李煜的身上下手，利用他的喜爱偏好来迷惑他，让他放松对北宋的警惕，耗尽国库，从南唐这个国家的最中心点进行击破，让它败絮其中。

可李煜对佛教的崇尚已经到了痴迷且盲目的地步，凡是和佛教沾边的，他都会大力支持，而底下的官员，也因此得了不少中饱私囊的机会。

风雨下的南唐，摇摇欲坠，而这时候出现的小长老，无疑是一把推手，将南唐推向了更深的深渊，也推向灭亡。

人的本性之一，就是病急乱投医，李煜对于佛祖的笃信，大概是抱着宁多不错的原则，大兴土木来建造寺庙、塑佛像。会不会福至南唐我不知道，但的的确确喂饱了不少蛀虫。

曾有一次，在朝堂之上听说有些犯人要处以死刑，李煜彻夜难眠，他本就信佛教，忌杀生，听说此事后，曾多次亲自前往大理寺，审查狱案，释放多人。中书侍郎韩熙载上奏李煜，认为狱讼自有刑狱掌管，监狱之地非皇上所宜驾临，请求罚内库钱三百万以资国用。李煜虽不听从，但也不因此发怒。

之后，为了推行佛教，又花大价钱在各地修建佛寺，纳天下之僧侣。

李煜对佛教的痴狂已经到了"无法无天"的地步了，以至于后来，明明国库空虚，明明举国艰难多灾，却依旧不管不顾，不遗余力地投放大把的财力物力和人力在修建寺庙推行佛教上，后来在南唐江河日下时，更是受人蛊惑，只一味地办道场寺庙。

宋朝的《江南余载》曾记载："后主笃信佛法，于宫中建永慕宫，又于苑中建静德僧寺，钟山建精舍，御笔题为报慈道场，日供千僧，所费皆二宫玩用。"

由于李煜身体力行地推崇佛教，以致举国上下都弥漫着信佛之风，朝中大臣对佛教更是趋之若鹜，随便一个臣子，在面对李煜时，都能论上几句佛法，以此来讨得李煜的欢心。

而在南唐尚佛的风气下，这位小长老，因为李煜的敬仰和信赖，身价也开始水涨船高，言行举止也愈发有恃无恐，时常提出自己的建议让李煜实行，并劝李煜多多散财，这让本就囊中羞涩的国库更加空虚，而对于小长老的话李煜深信不疑言听计从，甚至还推崇其为"一佛出世"。

我不去怀疑李煜对佛祖的诚心，但是那些上行下效的官员和百姓，又有多少诚心呢？

李煜与小周后二人时常邀请小长老一起在宫中对弈，甚至每日必去佛堂磕头抄佛经，态度恭敬。因为这份殊荣，在南唐，对于僧尼们作奸犯科之事极尽包容，在这片土地上，似乎只要是佛祖的信徒，律法都会对其宽容一些，如此谁不愿意来剃度出家呢？

曾有朝臣犯颜直谏，冒死上书。

昔梁武事佛，刺血写佛书，舍身为佛奴，屈膝为僧礼，散发俾僧践。及其终也，饿死于台城。今陛下事佛，未见刺血践发，舍身屈膝，臣恐他日犹不得如梁武也。

"梁武事佛"说的是南朝梁武帝萧衍，他也是一名痴狂的佛教徒。历史上萧衍不仅几次入寺做和尚，还精心研究佛教理论，潜心修佛无心朝政，于是朝堂之上开始出现纰漏，重用的人也出现了奸臣，造成朝政昏暗。老年的萧衍也是刚愎自用，乱建佛寺、不听劝谏，导致后期的政绩下降。但这和当年梁武帝饿死台城倒没有什么直接关系。

和梁武帝萧衍修的苦行僧不同，此时的佛教、佛祖在李煜心中，早就不是单纯的祈福求安康修身养性了，而是他精神上的最后一根救命稻草，容不得人有一丝的诋毁和怀疑，他怎么会听得进朝臣的直言劝谏？反而将进谏的大臣官降一级，罚俸半年，重者流放边疆，以儆效尤。

李煜对于朝臣的谏言只是略略一听，便感叹道："梁武帝敢为佛教事业随时准备着牺牲小我，这才是真正的虔诚！"

对于此类劝谏，李煜一概视若无睹，他有他的道理。

东晋有孝武帝司马曜信奉佛教，后秦有皇帝姚兴信奉佛教，南朝梁武帝萧衍更是一名佛教徒，往近了说，唐太宗李世民更是亲自批准玄奘法师译经召集人才，他们都是昏君吗？

不是的，在李煜看来"若不是利国利民，又怎会得历代帝王信奉推崇？"

所以佛祖在他心里，不仅仅是躲避俗世的一块净地，也是他某种意义上的救世主，否则何必如此大兴土木地推崇佛教？他内心还是指望着，佛祖能救赎他内心的不甘、懦弱和自私，拯救李煜那些深埋心底的、隐秘的宏图伟业。

将所有希望祈求于上苍，祈求于佛祖，这本就背离了佛教所教人修身养性、休憩思想、净化心灵的本质，甚至是将佛祖当成了欲望的聚宝盆，总想以此得到些什么。于是大肆修建佛堂庙宇，恨不得倾尽天下财力，不顾民众的呼喊，不顾南唐之疮痍，只为求得私欲。

或者说，李煜的私欲，也是为了天下的苍生百姓，也是为了万里河山。可是他错就错在执迷不悟，人的救世主只有自己，在有限的环境里竭尽所能地做好自己该做的，而不是两耳不闻窗外事，只求佛祖解我求。

他是记得自己的国君身份的，他也在这个身份所赐予他的荣耀和财富里乐不可支肆意挥霍，可他却不想去记得这个身份所赋予他的责任，大的小的，好的坏的。耳朵里听不见百姓的哀求呼喊，文武百官的忠言逆耳；眼睛里看不见朝堂外的破碎山河。那书房里堆积如山的奏折，都在叫嚣着这个君王的昏庸无能。

在蜜罐里泡得久了，骨头都软了，他怕是再也站不起来去管这些事情，他活得太自我了。

忠言逆耳，良药苦口。任何谏言都没有得到李煜的认同，他依旧我行我素毫无收敛，朝中还有殷崇义、张洎这等只会阿谀奉承、尸位素餐的大臣，这南唐，是命定要迎来北宋的铁蹄了。

《全唐文》有记载，曾有大臣潘佑几次上谏，都未曾得到李煜的回应，潘佑不甘心看着南唐就这样坐以待毙，最后一次呈上奏疏，写道：

三军可夺帅也，匹夫不可夺志也。臣乃者继上表章凡数万言。词穷理尽，中邪洞分。陛下力蔽奸邪，曲容谄伪，遂使家国愔愔，如日将暮。古有桀、纣、孙皓者，破国亡家，自己而作，尚未千古所笑。今陛下取则奸回，败乱国家，不及桀、纣、孙皓远矣！臣终不能与奸臣杂处，事亡国之主。陛下必以臣为罪，则请赐诛戮，以谢中外。

没想到，这一次的奏疏仿佛踩到了李煜的尾巴，像一把利剑直插整个南唐的痛处，也像一记耳光甩在李煜的脸上，李煜恼羞成怒了。

李煜是个文人，心软又有着文人的清高、好面子。本来大家就这样混混度日，哪怕知道如今的南唐是个什么光景，也从没有人如此赤裸裸地将丑陋的真相指给他们看。如今最后一块遮羞布也被潘佑揭开，李煜作为一国之主，当然是觉得面上无光，被称为"亡国之主"，更像是一盆水浇在了李煜的头上。他一直都知道，这南唐大势已去，再难有起色，可是他本就不属于这皇位，本就不属于这皇权，又教他如何能用文人的气节和风花雪月来填补南唐的鸿沟大壑？只是一直不愿意承认，若是气势汹汹的北宋攻过长江，南唐毫无招架之力。自己不就是坐以待毙？自己不就是"亡国之主"？

如今李煜这刮空国库也要纳天下僧尼的做派，可不就是与桀纣"骄奢淫逸，生活腐化，动用大量人力、财力建造倾宫、瑶台，从各地搜罗美女充填后宫"相似？也像孙皓一般，在位初期虽施行过明政，但不久即沉溺酒色，变得昏庸无能。

潘佑是抱着必死的决心来谏言的，只希望李煜能够清醒能够知道，自我救赎才是真正的救赎，才是真正有机会成功的，而不是疯狂地修佛建寺，以祈求神明庇佑。

神明只能救赎你渴望宁静的内心，而救不了一颗软弱无能又听信谗言的脑袋。

被比喻成桀纣、孙皓这样昏庸无道的亡国之君，无疑是在讽刺李煜之前的所作所为。可是李煜显然是没有清醒，或者说，只有那么一瞬间的清醒，看透了现状，随之而来的恼怒遮住了那一时的清醒。于是他大发雷霆，拍案叫骂，将潘佑和与其相交的大臣扣上乱臣的帽子，统统丢进大牢，不久，潘佑看透李煜的本性，泫然泪下，悬梁自尽。这个本就是被奸佞小人掌权的南唐，又少了一张吐真言的嘴，少了一面正言行的镜子。

身居高位者，总喜欢臣民恭敬，朝堂上高谈阔论，大谈以镜正身、以己正人，却又一边将那面照出缺陷的镜子砸碎，将那张说出真相的嘴缝死。

李煜强制打压忠臣的这一举动，让不少朝中大臣心寒不已，也将自己逼上了绝路。这个国家，有潘佑的下场在前，忠臣热血都被凉透，再也不会有人忠心进谏了，国主没有个国主的样子，两耳不闻窗外事，一心只为兴佛教，他永远是站在一个帝王的高度来想世事，从没有想过这民不聊生的百姓该如何生存，更没有设身处地为这个国家任何一个阶层思考过。

一个国家，一个掌权者，一旦陷入完全自我的境界里，本应该坐在高位上"眼观六路耳听八方"的这些功能都被切断关闭，将小我的思想境界强行附着在大国的政治决策与施行上，这整个国家的政权，就成了李煜一个人的独角戏，只会为了满足李煜一人的私欲而存在，哪怕有过为这个国家好的任何想法，那也是建立在李煜个人的思想和意愿上的，而不是广纳意见和谏言。而堵塞言路，这无异于自毁江山。

花开不长久，落红归寂中

李煜如此不辨忠奸听信谗言，着实是让亲者痛仇者快。南唐的忠臣重臣，无不痛心，这样的国主，如何能救南唐于水火？这明明就是将南唐拱手相让于北宋。倒是赵匡胤，听到李煜倒行逆施的消息，大笑着感叹李煜是个庸人，他只希望，南唐的水越来越浑，让他们自己内斗，北宋就可以用最少的精力来对付南唐，坐收渔翁之利。

本来，南唐还有林仁肇这个智勇双全的得力干将，却被李煜中了离间计而诛杀。林仁肇在世时就不想南唐这样等死，倒不如垂死挣扎一番，曾献计李煜，自己带兵出击敌国假意叛变，如此一来，事成则南唐获益，失败，则由林仁肇一人担这责任，总之无论成功失败，北宋若是真的要追究起来，李煜只需要将所有责任推到林仁肇这等"叛军"身上，便不必在北宋面前承担任何责任。然而李煜天生软弱可欺，懦弱无能，就是这样一个可以说是接近"万全之策"的计划，李煜也不敢尝试，他有他的顾虑，他害怕林仁肇真的就此带兵叛变却反水北宋来对付南唐。那这罪责，李煜一个人可不敢担，再者，若是北宋察觉到这是一场预谋已久的计策，那是否会怪罪李煜牵连南唐？

而且当时的北宋早已经组建了水军，造了战船，日日训练，这一切都是为之后攻打南唐时渡江所用。而南唐却在李煜的带领下一心扑在了求佛问经的道路上，还不抓紧时间想想对策，毕竟风花雪月求佛问经，怎么敌得过别人的深谋远虑真枪实弹。由此高下立现。

　　一直这样龟缩着等待灭亡的李煜，却还抱着一线希望于长江这道险阻。因为长江这道天然屏障的阻隔，曾经不止北宋一个王朝想要占领水草丰茂的江南，却止步于此，水上作战的经验，少之又少。

　　而南唐似乎就是抓住了这一点，所以才那么有恃无恐，敌人都逼近山脚下了，他们依旧作壁上观，毫无建树，李煜甚至劳民伤财地推佛建寺，这样的国主，也注定是个亡国之君。

　　李煜，先说起这个人，他是个标准的凡夫俗子，有着所有普遍天下凡夫俗子都有的缺点。剥离掉帝王的外衣，他就是个再普通不过的文人，似乎比普通文人还要软弱一些，你可以称他为懦弱。他在富足的精神文化世界里肆意驰骋，有着堪比林妹妹的敏感，对于感情与春花秋月有独特的感知，或许换个贫寒的环境他依旧能创造出流芳百世的佳作，每个人自身的诗词风格都与当时的生活环境息息相关，李煜初期的词几乎都可以看出他对皇位权利的逃避，和对美好生活的感受。就是因为太过于凡夫俗子的性格，所以遇见事情，才会第一时间就想到逃避。他也想兼济天下，他顾及了他的国主身份，并没有完全坐视不理，只是让世人失望的是，他从没想过自救。他用他文人的、软弱的、寄希望于神佛的想法来解决，可是文臣非武将，感性大过理性，就像男人与女人的分别，所以他的做法虽然不能赞同，但是作为一个看客，却也可以理解。

　　再说作为一国之主，的确，大家都是平凡之人，可是李昪审时度势懂得抓住机会，赵匡胤更是有勇有谋野心十足，这些都是合格帝王该有的样子，李煜却都没有。因为从他的内心，文人的花前月下永远根深蒂固地排在帝王天下之前，就像当初对作为"渔父"的向往永远在成为一名权倾天下的帝王之上。他不是个好国主，也没有好好领导过这个国家，国主这个身份却让他达到了诗词上的另一个顶点，成就了诗词文化的至高造诣，就像是李煜荒凉内心里开出来的花，以相思做伴，以愁苦滋养，长成参天大树。

思想家郭定生如此评价李煜："南唐皇帝李煜先生词学的造诣，空前绝后，用在填词上的精力，远超过用在治国上。"

整个南唐，就像个被白蚁蛀坏了的木头，内有赵匡胤派去潜伏在李煜身边的"小长老"降低他的警惕、驯化他的思想，外有从南唐皇城中心生反骨投靠北宋的樊若水。

终于在公元 974 年，北宋开宝七年，赵匡胤在蛰伏了一段时间后，准备挥师南下。《续资治通鉴长编》有记载，此次南下，北宋制定了非常详尽的计划，并任命曹彬为统领，率水军顺流而下。毕竟瘦死的骆驼比马大，所以赵匡胤决定兵分两路，对金陵城形成两面夹击之势。

对于北宋的来犯，南唐似乎不以为意，并照例派使臣纳贡，献上金银财宝、绫罗绸缎。而宫内，李煜依旧是每日前往佛堂与小长老听佛讲经，与小周后弹琴说话、下棋博弈，好不快活。

这样自贬尊严来苟全性命，让人想起了五代时后晋的"儿皇帝"石敬瑭。石敬瑭为了求契丹出兵援助灭唐建晋，不惜认契丹主耶律德光为

"父皇帝"，自称"儿皇帝"，而且割让幽云十六州给契丹。

或许这只是个人的无能，也或许这是他们的无奈之选。总之，这样的选择，着实让人感叹。就像唐·杜牧的《台城曲二首》所书：

整整复斜斜，随旗簇晚沙。

门外韩擒虎，楼头张丽华。

谁怜容足地，却羡井中蛙。

王颁兵势急，鼓下坐蛮奴。

潋滟倪塘水，叉牙出骨须。

干芦一炬火，回首是平芜。

李后主与这位陈后主，倒是颇为相似，一样好逸恶劳，一样沉迷奢华，已经兵临城下了仍然在寻欢作乐。与小周后在宫中极尽享乐，在画堂与其下棋，常常行至深夜，或者是什么也不做，就这么相互依偎着躺在金碧辉煌的宫殿里耳鬓厮磨，如入无人之境，这天地间只有小周后的娇嗔笑声，哪里顾得上这个国家和依附在这个国家里的臣民们，为自己而活的李煜，荒唐无比。

"门外韩擒虎，楼头张丽华。"

南唐的忠厚老臣们，眼睁睁看着这个国家一点点地被蚕食，看着国主毫无作为只顾享受作乐，劝谏不听或许还会落得杀身之祸。这样的国家，丝毫不能够居安思危，奸臣当道、国主昏庸，是这个国家最大的无奈，甚至比北宋这只豺狼虎豹更加危险。

历史上，昏庸的皇帝不在少数，比如隋朝的第二个皇帝，杨坚的次子杨广，与李煜不同，他是个很有才华、头脑精明的人。为了得到皇位蛰伏多年，却生性残暴、弑兄夺位。他即位以后，开通大运河，击溃吐谷浑、突厥、高丽、契丹等国，阔疆五万里，发明一项重要的制度——科举制，对中国的历史做出了很大的贡献，并且科举制度一直延续到 1905 年才被废。我们常常在唾弃他残暴的同时又感叹他的智慧，只是他的优缺点并不能互相掩盖，隋朝，也是由于他长期的暴政才终于走向灭亡。

所以，一个国家，领导者就像一只领头羊，需要带领着他的部下臣民们走向更好的生活，而不是将一个国家和这个国家的权利当作自己个人的舞台，一人独大随心所欲不问世事；也不是让这个国家成为自己个人喜好或者情绪的接盘点，为一己之便利。这样的行为是在愚弄大众，将至高无上的权利当成了私有的玩具，须知，水可载舟，亦可覆舟。

历史的长河中，贤明的帝王似乎都有相似的优点，他们心怀天下，以天下苍生为己任，发展经济增强国力，他们或许有不足之处或失误之处，可是到底还是瑕不掩瑜；而昏庸之君似乎也都有相似的缺点，或是暴虐成性，或是骄奢淫逸荒唐至极。虽然说，人没有绝对的好坏，但是对于帝王这个身份来说，一生对错分明，他们每一个错误的决策，都牵连了苍生百姓，让天下人来为手握政权的人买单。所以好或者坏，赞扬或者批判，都有人来判定。

身居高位犹如高空走绳索，是否坠落在一念之间。

李煜缓兵的请求并没有得到北宋的理会，这也向李煜预示着，从前用金银财宝换取苟且偷安的日子已经过去了，这一天终于还是到来了。

　　宋军通过训练水军利用船只与浮桥到达了南唐的境内，李煜终于如临大敌，匆忙中派军御敌。可惜首战就失败，李煜站在楼台上，看着这万里江山一点点被北宋蚕食，自己却犹如困兽，不禁悲从心中来，这南唐，难道终究还是要断送在我的手上？想起曾经与大小周后在宫中饮酒作乐的日子仿佛还是昨天，内心戚戚然。这种末日阴云一直笼罩在南唐的天空上，也一直聚集在李煜的心头，这心有多绝望，这愁便有多深。

　　南唐勇猛战将林仁肇早已被李煜赐死，而另一位大将卢绛，也被李煜派遣边远不得重用。

　　忠臣生南唐，是不幸，也是可悲。

　　李煜的这双眼睛，看花看水看美人，看得太多了，却始终看不清人心。

　　面对着如此光景的南唐，李煜的愁苦如海深，看什么都令人惆怅。

《临江仙》

樱桃落尽春归去，蝶翻金粉双飞。子规啼月小楼西，玉钩罗幕，惆怅暮烟垂。

别巷寂寥人散后，望残烟草低迷。炉香闲袅凤凰儿，空持罗带，回首恨依依。

　　南唐的现状让李煜揪心，随着春天的离开，苑中的樱桃也已落尽，偶尔有几只蝴蝶儿还在比翼双飞。而在小楼西面，子规夜夜泣血鸣啼，令闻者落泪。整理好思绪，透过楼窗的玉钩罗幕望着远方，看暮烟低垂不禁悲从中来，更觉惆怅。

　　入夜后小巷里人群散去不复白日的喧嚣热闹，只剩下一片寂寥，凄然欲绝面对烟草低迷。炉里的香烟闲绕着绘饰袅娜的凤凰仙姿，李煜愁容满面空持罗带盯着香炉，心下烦躁，怎能不令人回首恨依依。

　　暮色南唐，李煜后知后觉开始着急忙慌地部署作战计划。

　　他任命那些无能的、阳奉阴违的大臣为将领或监军，赶往前线，这些人，要么逃走，要么叛变，要么就是无勇无谋错失良机坐以待毙。这么多年了，在李煜这位荒唐骄奢的国主带领下，整个南唐的脊梁都像是成日里被酒泡得软了，赏得是风花雪月，喝得是琼浆玉液，哪里还能扛刀枪上战场打胜仗呢？更何况李煜的身边，还有"小长老"这么一位奸细，麻痹着李煜对北宋的警戒和防备，劝他多多拜佛抄经修建寺庙，还告诉他，北宋的来犯不过是一场李煜个人的劫难，只要诚心礼佛，佛祖会看见信徒的虔诚之心而帮助化解。

　　这本是无稽之谈，生生将佛祖夸大成了全能神。可是李煜信了，在最痛苦的时候，他比谁都要无助，急需一个心灵慰藉者给他以希望，而"小长老"，刚好填补了这个位置。那段时间里，李煜夸张到每日晨起便开始诵经，睡前还要去佛堂静坐一段时间，白天召见高僧来讲经，以此来祈求能得到神佛的怜悯让南唐能够化险为夷否极泰来。

　　说出来似乎都有些可笑，兵临城下、城门失火，国主却在求神拜佛。我不否认李煜内心的出发点是好的，可这方法用得太过荒唐，以至于被奸细抓住空子乘虚而入对他进行洗脑。什么人最容易被洗脑呢？软弱、意志不坚定、内心惶恐和有所求的，而李煜恰好这几点都占了。

他多想一直停留在当初做皇子时的无忧无虑，每天只需要想着怎么糊弄住老师得空溜出去玩，跟着朋友兄弟，偷一壶酒，藏身在小阁楼，几人看着这秋色吟诗作对，微醺而睡，酒醒时暮色匆匆，月寒秋竹冷，催人归。

旧江山浑是新愁。欲买桂花同载酒，终不似，少年游。

我眼前满目是苍凉的旧江山，思及过往又平添了无尽的绵绵新愁。想要买上桂花，带着美酒一同去水上泛舟逍遥一番，却没有了少年时那种豪迈的意气。

北宋曹彬带领着军队，与李汉琼、田钦祚先行到荆南征发战舰，潘美率领步兵接着出发，在站场上势如破竹。十月，诏令任命曹彬为升州西南路行营马步军战舰都部署，分兵从荆南顺流而东，攻破峡口寨，接着攻克池州，连续攻克当涂、芜湖二县，驻扎在采石矶（今安徽省马鞍山市）。

而南唐的抵抗却是节节败退，在前线的将领们要么做了逃兵，要么做了叛军，要么就是有勇无谋。有林仁肇、潘佑两位忠臣的例子在前面，将士们谁愿意视死如归奋勇杀敌，再怎么抛头颅洒热血，都敌不过李煜身边殷崇义、张洎的两张嘴皮子。

有勋门贵子皇甫继勋，在危难之际被任命守城重任，没想到此人却是一个贪生怕死玩忽职守之辈，空有一个贵族家世却只想着坐享其成，从未担任过什么要职，更是夸大战功，对李煜的命令阳奉阴违，在守城一事中因为指挥不当而延误了重要战机，直接导致了采石矶的失守，最后被李煜诛杀。

困在金陵宫中的李煜远望南唐江山的腥风血雨战火连天，在一片兵荒马乱中，看见了自己与南唐的命运。他不甘心这几十年的南唐江山就这么断送在自己的手里，可是他别无他法，他或许是悔恨过的，恨对国家政事不闻不问。此时他想起了潘佑，那个上书不愿事亡国之主的忠臣，他恨自己当初有眼无珠，可惜过去了的都已经过去，昨日已不能回头。

难道自己真的只能做一个亡国之君？李煜不禁问自己，这么多年，沉浸在春花秋月里，有没有想过将来的某一天，会面临着这样的境遇？

无奈北宋的军队不会因为李煜的悲恨而停止脚步，在他们看来，李煜不过是个虚有其表的风流词人，怎担当得起南唐大任。即使没有北宋，也会有其他的国家来犯，因为人都是欺软怕硬的，国家与国家之间，这句话也同样适用。

就在李煜悔不当初时，北宋潘美率步军从和州与采石矶渡江，会合曹彬东下直攻金陵；水军自汴水而下取道扬州入长江攻取润州（今江苏省镇江市）；以吴越王钱俶率兵从东面攻取常州，配合宋水军夺取润州，会攻金陵；以王明率军向武昌方向进击，牵制江西南唐军东下赴援。

同年十一月，宋军造浮桥，准备横渡大江。

此时的麻烦除了北宋，还有吴越王钱俶。李煜以唇亡齿寒的道理劝他不要助纣为虐，可惜此时的吴越王就如同当初的李煜，他根本不会去想这些，只求不引火烧身，并不介意在这场战争里插一脚，为自己在北宋面前留一个恭顺的好印象。

劝说吴越王钱俶未果，徐铉、周惟简再次奉旨入宋请奏，徐铉道：

"李煜因病未任朝谒，非敢拒诏也，乞缓兵以全一邦之命。"其言极恳切，与太祖辩，反复再三，声气愈厉。赵匡胤辩不过，拔剑而起，怒斥徐铉："不须多言！江南国主何罪之有？只是一姓天下，卧榻之侧，不容他人酣睡！"徐铉不敢再言。

北宋与南唐这一战已是箭在弦上，不得不发了。相比较赵匡胤的胸有成竹运筹帷幄，远在金陵城的李煜，日日愁眉苦脸，他终于开始醒悟，北宋的进攻是早有预谋且不留退路的，苟活在北宋的鼻息下，是一件多么恐怖的事情，如今早已无路可退。

李煜别无他法，任命朱令赟为将领，带领南唐仅剩的兵马突围。

朱令赟此人，有着武将的血性，遇事当机立断，做事雷厉风行，曾在出战前，在李煜面前发誓要与南唐共存亡。

朱令赟做了几乎万无一失的战事计划，却没想到会在最后临近成功时失败。而这场战事的失败，除了当时天地不顺，更要怪罪于军营之中的宋军奸细，朱令赟在军中的所有作战计划，都被泄露给了北宋的曹彬，他却浑然不知，失败，此刻已经被写在南唐的军旗上。可惜朱令赟如此忠心耿耿有勇有谋之人，怕是万万没有想到，这只曾经无往不利的军队，居然也会混进北宋细作。

南唐属地接连失守，身在金陵的李煜听说前线战事失败，朱令赟自尽的消息，几欲昏厥。李煜急忙亲自部署，本来想打一场翻身仗，却不想宫里的"小长老"对李煜的做法大加批判，说他这么做会惹怒佛祖，这几句话显然扎了李煜那颗软弱的心上，他又开始动摇。据《全唐文》记

载，李煜遣徐铉和周惟简二人出使北宋，纳以厚贡，并携《乞缓师表》
以呈上：

　　臣猥以幽孱，曲承临照，僻在幽远，忠义自持。唯将一心，上结明
主。比蒙号召，自取愆尤。王师四临，无往不克，穷途道迫，天实为之。
北望天门，心悬魏阙，嗟一城生聚，吾君赤子也。微臣薄躯，吾君外臣
也。忍使一朝，便忘覆育，号呶郁咽，盍见舍乎？臣性实愚昧，才无异
禀。受皇朝奖与，首冠万方。奈何一日自蹬蜀汉不臣之子，同群合类而为
囚虏乎？贻责天下，取辱祖先，臣所以不忍也。岂独臣不忍为，亦圣君不
忍令臣之为也！况乎名辱身毁，古之人所嫌畏者也。人所嫌畏，臣不敢嫌
畏也。惟陛下宽之赦之。臣又闻：鸟兽微物也，依人而犹哀之；君臣大义
也，倾忠能无怜乎！倘令臣进退之迹，不至丑恶，宗社之失，不自臣身，
是臣生死之愿皆矣，实存没之幸也，岂惟存没之幸也，实举国之受赐也，
岂惟举国之受赐也，实天下之鼓舞也。皇天后土，实鉴斯言。

　　这不免让人想起，李煜初登大位时，呈给北宋的《即位上宋太祖
表》，言之切切情之殷殷，字里行间同样都充满了恭敬与卑微之感，甚至
在名字上，都有一个"乞"字。
　　乞，乞讨，乞求，以卑微的姿态来请求北宋给予南唐一线生机。他不
想做个亡国之主受万民唾骂受祖先责难，没办法，已经穷途末路了，只能
乞求北宋能够网开一面，不要再苦苦相逼了。
　　"倘令臣进退之迹，不至丑恶，宗社之失，不自臣身，是臣生死之愿

皆矣"，这句话可以说是写得十分直白了，只要让我的国主姿态不要太丑陋，只要让南唐的覆灭罪责不在我这辈，那我此生心愿已经满足了。

李煜做出这样低到尘埃里的姿态，是赤裸裸地与虎谋皮，也是被北宋逼到绝境了。他不想遗臭万年，他知道自己一直不是个贤明国主，但是哪怕是碌碌无为，也好过身后被人诟病唾骂是亡国之君。

谁不想以后来祭拜的后人，是手捧着鲜花庄严肃穆的，而不是握着小石子扔砸唾骂的。

可是赵匡胤这么一个铁血汉子，对于攻下南唐已经筹备许久胸有成竹，怎么会就此放过他一马？他看着手中李煜的《乞缓师表》，对李煜愈发鄙夷，已经到了这个节骨眼上，李煜居然还想着乞求暂缓，之前长时间都在贪图享乐，不顾南唐的现状穷奢极欲，不知道整顿国力，如今抱佛脚，为时晚矣！

赵匡胤嗤笑一声，将《乞缓师表》扔在了跪在地上的徐铉和周惟简身上，便再无其他回应，在他看来，南唐溃不成军，也是李煜的咎由自取。

看着赵匡胤这样的反应让徐铉和周惟简内心惊恐不已，看来是求和无望了。

徐铉心里想着横竖都是一死倒不如背水一战，他面对着赵匡胤不卑不亢地赞美李煜，说他治国有方，南唐上下无不夸赞，说他信佛慈悲，与邻国友好和善相待，说他满腹经纶，诗词造诣高不可攀。他甚至将李煜赞得天上有地上无，并对赵匡胤言辞振振："煜事陛下，如子事父，未有过失，奈何见伐？"赵匡胤神色晦暗不明，反击道："汝以为父子分两家，可乎？"徐铉不能对。

的确，若非要将李煜与赵匡胤比作父子，可哪里有父子分两家的事情，徐铉被赵匡胤的回话呛得没了声，赵匡胤也是个人才，文韬武略一点不输。

李煜回过神，便赶往佛堂，诵佛念经，似乎是疯魔了一般，跪在佛像前不停磕头，直至前额肿起犹如鹅蛋。他是真的怕了，在这最后的时刻，还不忘临时抱佛脚，祈求佛祖给予一线生机。

为这一线生机，他可以放弃所有的荣华富贵，连同高贵的身份也一同放弃。又或许是在懊悔，为何当初即位的不是李弘冀，或许皇兄此刻正在天上看着这水深火热的南唐，嗤笑李煜的懦弱无能。

总之这一切都不重要了，李煜虔诚合并的双手还有些微微发抖，眼角的泪痕还未干。他一遍一遍念着佛经，声音低沉颤动，就连一旁的宫人，都在默默垂泪。李煜一遍又一遍乞求"小长老"，将自己的心愿诉说给佛祖，可惜兵临城下、十万火急，就算是佛祖显灵，也已经无济于事了。

战争的血腥和诡异的阴云在南唐的上空冲撞翻滚，似乎是要将这天空翻过来。这个冬季，应该比往年的任何一个冬季都要寒风刺骨，连心脏，似乎都要被冻僵。冬季过去了，春天一样会来，可在有些人的心里，或许再也没有了春暖花开的日子。

陈叔宝《玉树后庭花》有云：

丽宇芳林对高阁，新装艳质本倾城；
映户凝娇乍不进，出帷含态笑相迎。
妖姬脸似花含露，玉树流光照后庭；
花开花落不长久，落红满地归寂中！

仓皇辞庙日，犹奏别离歌

大江日夜不停地向东流去，强盗争夺抢斗后如今又四散远走，曾经的六朝古都繁盛荣华早已成为一场消散过后的旧梦，石头城上只剩下了那一轮照耀过千百年的如钩残月。

金陵城，相隔九百多年的沧桑与风霜，李煜面对着内讧不断、分崩离析的国家，内心百感交集。他无能为力，只能转悲愤为诗词以诉内心的苦闷。

北宋的军队已经开始进攻金陵城，他曾以为固若金汤的金陵都城，如今早就被敌军围得水泄不通，只能堪堪捱上几日。他跪在佛祖面前痛哭流涕地乞求，若再有来生，他便当一个青衣书生，生在平常人家里，也学着像农夫一样日出而作日落而息，穿打补丁的衣服，吃不够果腹的东西，如此哪般都好，只要能换得南唐的绝处逢生。

他也曾想过反击，可是自己深信不疑的"小长老"却劝他，佛祖本就忌杀生，若是大开杀戒让佛祖愤怒只会失败，而若是虔诚地乞求佛祖的怜悯与帮助，南唐的这个死局，就会在绝处逢生不战而胜。

　　这样的无稽之谈，李煜却奉为真理，即使宫外金戈铁马，李煜依旧沉浸在佛堂里烟雾缭绕，想用他自己的方式来力挽狂澜。

　　大约人都是这样，在无力反抗时，总想抓住些什么来寄托自己的希望与绝望，幻想着跌落悬崖时候会抓住最后一根稻草，或者是深陷沙漠时候会看见白骆驼。

　　"小长老"站在李煜身后手里捏着一串佛珠，听着门外匆忙行走的宫人在私密地交谈，听着宫外兵刃交戈的响声，转头又看着李煜形销骨立的背影，最后低下头，轻不可闻地叹息了一声，念了句："阿弥陀佛。"

　　我佛慈悲，可是佛神本就不同，佛渡心，神渡劫。

　　对不起，这佛祖，救不了南唐。

　　静默地站了一会，"小长老"转身打开门，踩着这一地的萧瑟树叶，伴着这呐喊与呼救的声音，在凛冽的寒风里，头也不回地离开了皇宫。

　　只剩下李煜一个人，抱着头倒在地上瑟瑟发抖，窗外凄惨的叫声，如同勾魂索命的阴间鬼差，要李煜快快将南唐交出。

　　佛堂里寂静无声，佛祖就这么安宁地看着虔诚匍匐在地上的信徒，岿然不动，以一个旁观者的姿态，看着李煜双手合十，磕头，再磕头；听着李煜嘴里默念着经文，额头触碰地面结实的声响。他不为所动，却又宁静慈祥地看着世间万物，殊不知，这样和善慈祥的面容曾经让李煜以为自己抓住了一线生机，可以反败为胜。

　　他求佛的心有多虔诚，大概只有"小长老"知道了，可是连这位李煜深信不疑、认为是佛祖化身的僧人，也不过是怀揣着满身谎言的奸细，只为抓住李煜虔诚的心，化为一把锋利的匕首，直插李煜的心脏，一击毙命。

什么上达天听，什么佛陀转世，都不过是纸做的幌子，洒点水就原形毕露了，怪只怪李煜自己，听信谗言，宫外大军压境却依然跪在佛堂里求佛祖保佑。

直到有宫人发现李煜，惊声呼救，被小周后扶起的李煜双腿发软只能坐在软椅上。即便如此，李煜还不忘吩咐小周后等人继续抄佛经。

可惜，有句话李煜大概不知道，机会永远是自己争取的，而不是别人给予的。

大概在李煜看来，从父亲那一代就已经奴颜婢膝了，沿袭至今，一直都是这么软弱地依附着强国，就这么被强大的北宋压迫着。而李煜，打从娘胎里就带着文人的软弱，对待北宋的态度和政策，也随着时间的推移深入到血液和骨髓。他害怕亡国，害怕战争，同样也害怕死亡。

所以求稳不求变。

李煜如同一只惊弓之鸟，北宋的一举一动都会让李煜坐立不安，生怕用高昂的金银财物"等价交换"而来的苟活日子就此终结。

所谓永恒与无常，这样尖锐的对比，李煜的体会大概是比谁都要深刻。永恒不过是人的美好愿望，而事实就是无常变幻的，没有什么是真正意义上的永恒，永恒的爱人也好，永恒的和平也好，永恒的存在本身就是一个伪命题，所以相信它的人，只能抱憾而终。

待到宫人退下，李煜想起从前的春天，他还不曾如此为国事焦心，现在想来，一切都恍如一梦，一种从内心油然而生的绝望之感瞬间密密麻麻地爬上李煜的心头。他坐在大殿外的台阶上终于失声痛哭："父亲，祖父，孩儿终究是没能保住这南唐的江山，往后这天下，再也没有南唐这个名字了。"

王濬楼船下益州，金陵王气黯然收。

千寻铁锁沉江底，一片降幡出石头。

人世几回伤往事，山形依旧枕寒流。

今逢四海为家日，故垒萧萧芦荻秋。

唐刘禹锡的这首《西塞山怀古》，倒是成了南唐如今的写照，或者说是一个教训，只可惜身在漩涡中谁会由古思今？

北宋军队乘船南下来犯，李煜节节败退，金陵城朝不保夕，摇摇欲坠。于是一个国家就这么被别国占领，李煜待在深宫里犹如网中之鱼，只有死路一条。

公元 975 年十一月二十七日夜，曹彬率军攻陷金陵，此时的南唐皇宫上上下下满是哀恸的叫喊声和诵经声。

外面的声音李煜早已经听不见了，他就这么坐在佛堂门口，闭着眼睛也不知道在想些什么，此时的安静与佛堂外的喧闹对比显得尤为意外。曹彬苦苦相逼，几次传话要李煜主动投降，劝他识时务者为俊杰，可是李煜内心并不想做这个"亡国俊杰"，一直躲着不露面，一拖再拖、一退再退。

　　命运无常，再次对李煜展现出它痛苦丑陋的一面，像一阵风吹得在独木桥上的国家摇摆不定，吹得站在悬崖边的李煜晕头转向，将他们统统吹向深不见底的万丈深渊。

　　据《宋史演义》记载："李煜至此，无法可施，只好率领臣僚，诣军门请罪。彬好言抚慰，待以宾礼，当请煜入宫治装，即日赴汴，煜依约而去。彬率数骑待宫门外，左右密语彬道：'主帅奈何放煜入宫？倘他或觅死，如何是好？'彬笑道：'煜优柔寡断，既已乞降，怎肯自裁？何必过虑！'既而煜治装已毕，遂与宰相汤悦等四十余人，同往汴京。"

　　我猜，李煜这一刻，是真的想过自杀的，甚至他还约好了与尼院的女尼和宫人们一起自焚，约定了"聚宝自焚，终不做他国之鬼！"

　　可是李煜终究是个软弱之人，死亡对于他来说是让人恐惧的，否则也不会苟活在别人的鼻息下这么多年。

　　次日，率众肉袒出城。

　　"肉袒"，意思是脱去上衣，裸露肢体，古人在祭祀或谢罪时以此表示恭敬或惶恐，出自《史记·廉颇蔺相如列传》中："君不如肉袒伏斧质请罪。"

　　由此可见李煜当时是抱着怎样的决心去见曹彬，他也有着文人的气节，同时他也有着文人的心软。所以这最后一刻，他也希望北宋能够为他的亲人臣民们网开一面，不要赶尽杀绝。

　　而北宋的赵匡胤早在出发前就叮嘱过军队千万不可滥杀无辜，他深深懂得水载舟亦覆舟的道理，所以安抚好百姓很有必要。

这一年的春季还没开始，冬季还没结束，凛冽的风侵入四肢百骸，见山是苦，见水是苦，目光所到之处皆是苍茫荒凉。这种痛苦的感受和当初失去至亲的感觉是不一样的，当下的境况让李煜有种深深的绝望和无力之感，就像是在眼睁睁地看着这一切发生却又无计可施，周围一切人事物都无法转移哪怕一点点的绝望，他只有完全凭靠着自己的意志力来支撑自己一步一步地走下去。

南唐的皇宫里，宫中宝贝无数，珍贵的藏书、经卷和书画更是不计其数，它们都是南唐辉煌时期的证明，可如今这些仿佛都变成了刽子手，手起刀落地在李煜心脏上捅出一个洞，让他看清楚，这些东西除了是辉煌的证明，也是他昏庸的铁证。

国家将要易主，李煜早已吩咐宫人黄保仪将宫中的藏经书卷与字画统统烧毁。

在滚滚浓烟里，尼院的女尼们皆静坐佛堂，自焚而死，以死明志，无论这南唐是否改天换地，她们都只属于南唐这片故土。

无论在什么年代，总会有这样一群人，要么在危难时刻视死如归抛头颅洒热血，要么在生死关头宁死不屈，例如那些宫中宁愿自缢也不想落入敌手的宫人们，例如净德尼院。

李煜背负着这片滔天火海，手捧着象征着帝位的玉玺，走向北宋的军队。

这玉玺曾经在他的手里轻如鸿毛，可现在这玉玺却如整个南唐的江山都压在他双手上一般繁重，过去快乐与痛苦的瞬间在李煜脑海里一幕幕闪现，一直回忆到潘佑七次上谏，出言不事亡国之君的画面，李煜幡然醒悟，自己当初有多么荒唐，将忠臣关押、任奸臣当道。他几欲潸然泪下，却又不想被人看到，于是憋红了眼，一言不发，缓慢而又沉重地走向敌军。

李煜手下的老臣徐铉在北宋为官后曾这么评价过李煜："本以恻隐之性，仍好竺干之教。草木不杀，禽鱼咸遂。赏人之善，常若不及；掩人之过，惟恐其闻。以至法不胜奸，威不克爱。以厌兵之俗当用武之世，孔明罕应变之略，不成近功；偃王躬仁义之行，终于亡国。道有所在，复何愧欤！"

本就生性软弱还如此痴迷佛教，在这样一个国主统治下的国家亡了国，也变得理所当然了。

过去李煜身上作为帝王不该有的任性软弱，如今都化为一条条长鞭，抽在李煜的心脏上面，鲜血淋淋，痛不欲生。

他也反思过这场战事的失败，也想从中找出一点自己正确的细节，可是都没有，一个人可以软弱，但是不能懦弱，更何况是帝王。

两天后，李煜带着小周后等妃子与各个王公大臣，随着曹彬的船只北上。风萧萧兮易水寒，李煜的内心一片荒凉，站在船头，迎着风，看着未知的前方，小周后在身后唤他也不曾听见。

这一天终究是到了，李煜心中那根紧绷的弦终于断了，整个人突然感到绝望，但又在内心深处感到些许轻松。

轻松的是，这份被人强加在肩上的负担，再也不会有了；绝望的是，这份负担，再也不会有了。

终于，从真正意义上摆脱了帝王的身份，曾经整个身体的血液都在叫嚣着他有多么厌恶与排斥这和自己格格不入的帝王身份，如今那些嚣张的、自顾自的想法，统统都被抛在了脑后，他第一次这么痛彻心扉，悔恨当初。

这一生大起大落，如同这波涛起伏的江河，一去不复回。

《破阵子》

四十年来家国，三千里地山河。凤阁龙楼连霄汉，玉树琼枝作烟萝，几曾识干戈？

一旦归为臣虏，沈腰潘鬓消磨。最是仓皇辞庙日，教坊犹奏别离歌，垂泪对宫娥。

李煜作为一国之主在面对南唐现状时的痛苦，我们无法体会，却有许多诗词可以为我们展现一二。苏轼在《东坡志林》中有云："后主既为樊若水所卖，举国与人，故当恸哭于九庙之外，谢其民而后行，顾乃挥泪宫娥，听教坊离曲哉。"

他不屑于李煜在这个时刻还顾得上听歌，出言讽刺李煜全无心肝。而实际上，词中的"教坊犹奏别离歌"，是因为入侵南唐的宋军们在攻进皇宫后，进行了惨无人道地杀戮，并逼迫教坊的乐工们陪他们寻欢作乐，于是便有了这别离歌。之所以奏别离，大概是自己最后的反抗与挣扎了吧，史书记载这些乐工们当时全被杀死了。

可惜这一切，李煜都不会知道了。

成为俘虏随北宋军队北上的那天，李煜还记得当时的天气，有寒风呼啸，明明还有太阳照着，却心如死灰，冷得瑟瑟发抖。从今往后，他依旧姓李，可这片土地，却要易姓了。

南唐建国以来几十余年的历史，国土三千里地，几代帝王曾经居住的楼阁高耸入云霄，喝过无数的琼浆玉液，看遍万里江河，因宫内枯燥乏味，便将山河美景搬进宫里，这样富裕繁荣的土地，几曾经历过战乱的侵扰？

不想终有一天国破家亡，人不由得消瘦苍老，尤其是仓皇拜别祖先的那天，匆忙之中，又听到教坊里演奏别离的曲子，就像这个国家还繁盛的时候。听在耳里，悲从中来，心头增添了不少伤感，如今美好的生活已经远去，过去的一切都不复存在。此时听见这别离歌，不禁面对宫女恸哭垂泪。

这个国家的顶峰与低谷都已经过去，现在的我已经是阶下囚，心中良多感慨，回顾旧时的繁华逸乐，那近四十年来的家国基业，三千里的辽阔疆域，竟都到我这里戛然而止了，一切的言语都显得苍白无力，都不能表达出我心中悲痛的万分之一。"几曾识干戈"，当初引以为傲的安宁，却是因为自己不知珍惜不懂节制的误会。这样一个亡国之主的内心独白，读来使人感同身受。

似乎看到了李煜一颗悲痛又悔恨的心，在日暮黄昏里缓缓跳动，在夜深人静时喃喃低语，李煜本就早生华发，不过一夜的光景，竟是斑白更甚。

高堂明镜悲白发，朝如青丝暮成雪。

说到底，李煜还是太软弱了，这种软弱，直接或间接地导致了北宋来犯，南唐亡国。他对待诗词犹如对待爱人，一生所有的智慧与才华都用在了对诗词孜孜不倦地美化上，而国家是什么？对于思想早已丰盛的李煜来说，不过是锦上添花的存在，因为是一国之主，所有想要的都呼之即来唾手可得，从未想过这朵"锦上花"也是需要呵护的，也是会枯萎的。

等到这一切已经迫在眉睫时，悔恨与泪水都已经无济于事。

或许多年以后，李煜回想起当年写给北宋的《乞缓师表》，内心除了悔不当初的悲痛和无力之感，更有对《乞缓师表》中内容的不屑一顾，或者是笑自己活该，作茧自缚。

南唐的亡国，多多少少对李煜那颗文人柔软的内心有着当头棒喝的作用，在其位不谋其政，反而滥用职权贪图享乐，这样透支的快乐，代价就是如今的痛苦。当年潘佑果然一语成谶，李煜已经是一个亡国之主了。

在驶往北宋的船上，李煜最后一次安静地回望南唐曾经的山水，似乎是要将这山山水水都分毫不差地刻画在自己的脑海里，至死不忘。

作为一个亡国之君，曹彬对待李煜的态度还算恭敬，并没有因为是俘虏就对南唐这一行人横眉冷对，这也是出兵南唐之前赵匡胤就吩咐的。所以一路上，李煜的言行都不曾被限制，不过这个时候的李煜已经想不了这么多了。

眼看着船只越驶越远，南唐的一切都像是一个剪影越来越小、虚无缥缈，从今往后，再也没有什么国主了，只有北宋的阶下囚。即将抵达北宋境地，李煜内心说不出来的沉重，像是乌云密布的天空，密集地挡住一切阳光渗透，心里压抑得快要喘不过气来。李煜用最安静与庄严的方式，向过去、向南唐、向所有子民，无论死去的、活着的，向他们告别，向他们道歉。

生在皇家而成国主，我很抱歉。

这艘船载着整个南唐的悲伤和痛苦驶向胜利者的国家，即将到来的一切欢呼不属于他们，留给他们的只是嘲笑和冷眼。

心里哀痛的负荷让李煜需要寻找一个出口来宣泄，南唐书记载：煜举族冒雨乘舟，百司官属仅十艘。煜渡中江，望石城，泣下自赋诗云：

《渡中望石城泣下》

江南江北旧家乡，三十年来梦一场。

吴苑宫闱今冷落，广陵台殿已荒凉。

云笼远岫愁千片，雨打归舟泪万行。

兄弟四人三百口，不堪闲坐细思量。

曾经烈祖李昪从杨氏手里抢夺下来的江山，如今又要在自己的手上毁掉转送他人，这难道是宿命？还是佛家说的因果报应？

曾经江南江北都是属于南唐属于李家的，如今看见这旧故乡，回想起三十多年的李氏南唐，就像一场遥远的梦，如今醒来大梦归，宫廷冷落殿台小苑凄静荒凉，这云雾笼罩的景色，触目之地，无不是伤心处。

同样悲痛万分的，还有船上的老臣徐铉，他曾作了一首《过江》：

别路知何极，离肠有所思。
登舻望城远，摇橹过江迟。
断岸烟中失，长天水际垂。
此心非橘柚，不为两乡移。

作为一个对南唐忠心耿耿的老臣，徐铉对于亡国一事多多少少是有些许内疚的。他觉得自己出使北宋时没能劝阻赵匡胤暂缓出兵，是自己的无能为力间接地促使北宋的出兵与南唐的亡国。

坐在这船上，这条路不知道还要走多远，心里根本无法平静，刚刚离别故土，马上就要在北宋做个阶下囚，站在这艘曾经载满北宋士兵的船上，徐铉感慨万千。回头望，故乡已经看不清楚了，只依稀可见故乡的高山与高耸的建筑，这颗心不是生北为枳的橘柚，不会因为所处地方不同而发生改变。

徐铉同李煜一样忧心忡忡，不得开心颜。曾经南唐有多辉煌，如今这船上的南唐旧人就有多凄凉，也许就是因果循环吧，李煜又想起了曾经祈求佛祖显灵普度南唐的时候。哪怕到了这个时候，李煜心里还是相信佛祖的，即使佛祖并没有施以援手，也依旧没有改变李煜对佛祖虔诚的心。

马令《南唐书》记载："至汴日，登普光寺，擎拳赞念，久之，散施缯帛甚众。"

在被俘前往北宋的路上，李煜都不忘拜访沿途的寺庙。

这次拜佛，李煜带着小周后一起，捐献了不少金银财物，船上有臣子觉得李煜此举不妥，已经是北宋的降臣了，在这个时候却想着诵经拜佛散尽金银，这样的痴迷程度，就算是如今的我们看来，也是觉得荒唐夸张的。

曾经是将佛祖当作救命的稻草，如今是将佛祖当作放松思想的忘忧处，一个嘈杂世界里寄托内心痛苦的乌托邦。

南唐这个国家的灭亡，是对李煜精神上的沉痛一击，这件事让李煜知道，有时候活着，比死去更加的痛苦难耐。

苏轼《念奴娇·赤壁怀古》有云：

大江东去，浪淘尽，千古风流人物。故垒西边，人道是、三国周郎赤壁。乱石穿空，惊涛拍岸，卷起千堆雪。江山如画，一时多少豪杰。

遥想公谨当年，小乔初嫁了，雄姿英发。羽扇纶巾，谈笑间、樯橹灰飞烟灭。故国神游，多情应笑我，早生华发，人生如梦，一尊还酹江月。

大江滚滚东流去，波涛浪涌中多少风流人物在这历史的长河中跌宕起伏。那遗弃的旧营垒西边，曾经是三国时期周瑜大败曹公的赤壁，这金戈铁马的沙场啊，还能依稀看见当时战争中的刀光剑影。多年之后，只剩下了穿空乱石，两岸悬崖峭壁耸入云霄；惊涛骇浪汹涌澎湃，卷起浪花如雪。这江山如画，一时引出多少英雄豪杰！

人生如一场梦幻，这一杯酒，就用来奠祭这万古长存的大江明月。

这南唐有关李煜的一切，也将如同赤壁古迹一般，陈迹消逝。时间会将所有痕迹都冲刷洗净，历史的车轮一步不停地向前滚动，从不会为了一个国家的覆灭或是一个人的伤心而停顿驻足。

晓行夜泊，扬帆鼓棹，国亡家毁的南唐旧人，和志气昂扬胜战而归的北宋军队一起，到达了北宋。城里城外百姓对着军队欢呼雀跃，他们夹道恭迎这个国家的功臣回家。可是这些欢呼声，听在李煜的耳朵里，无疑是最大的嘲笑，他们一行人夹杂在军队中，低着头，一言不发，与周围的环境格格不入。

到达汴梁已经是次年正月，一行人在驿馆里等着赵匡胤的召见。

新年伊始，城里年味正浓，人们因为战争的胜利更加情绪高涨，可驿馆里却又是另一番光景了。

赵匡胤听到捷报后，正在皇城里等着这群北宋最勇猛的战士们班师回朝，并对他们一个个论功行赏。攻下了南唐，这是赵匡胤统一大业的一大步，举国欢庆，兴奋之余，他想起了李煜，于是不日便召见了李煜一行人，由宫里的总管带领着前往皇城内。

这条进宫的路本是一条平坦大道，可是此刻一路走来，竟比李煜这一生走过的路都要坎坷波折。李煜像是被裹了足，步履不前，被总管几次催促。这一路都有礼乐教坊在奏礼乐，看见高高在上的赵匡胤时，周身所有人都跪了下去。李煜咬紧牙关，双手握拳，浑身颤抖着，缓缓地跪了下去，这一跪，犹如朝着自己的心脏捅了一刀。李煜闭上眼睛屏住呼吸，神经绷得紧紧的，整个世界忽然都安静了下来，连一阵风吹过、一个人的呼吸声，都让李煜竖起了寒毛。他一动不动，就像虔诚地跪拜佛祖一样，将姿态放到最低，将尊严丢弃、任人践踏。

过去的荣耀不再，过去的一切都烟消云散，这里只剩下了一身素衣的囚徒。

不知道过了多久，赵匡胤盯着李煜，一双鹰一般的眼睛眨也不眨地看着俯伏阙下的南唐众人，忽然大笑起来，像李煜失散多年的老友一般，为他赐座，问他一路波折是否辛苦。这样突如其来的关怀李煜都明白，不过是做出一副大方的样子给世人看，他别无选择地配合着赵匡胤的嘘寒问暖。

要问这真心有几分，恐怕是一丁点都没有的，甚至赵匡胤转过身去就要笑出来了。这样口蜜腹剑的人，李煜一路走来，见得太多了。

随后，由宫人念出拟好的诏书：

上天之德，本于好生，为君之心，贵乎含垢。自乱离之云瘼，致跨据之相承，谕文告而弗宾，申吊伐而斯在。庆兹混一，加以宠绥。江南伪主李煜，承弈世之遗基，据偏方而窃号，惟乃先父，早荷朝恩，当尔袭位之初，未尝禀命，朕方示以宽大，每为含容，虽陈内附之言，罔效骏奔之礼。聚兵峻垒，包蓄日彰，朕欲全彼始终，去其疑间，虽颁召节，亦冀来朝，庶成玉帛之仪，岂愿干戈之役？蹇然弗顾，潜蓄阴谋，劳锐旅以徂征，傅孤城而问罪。洎闻危迫，累示招携，何迷复之不悛；果覆亡之自掇。昔者唐尧光宅，非无丹浦之师，夏禹泣辜，不赦防风之罪。稽诸古典，谅有明刑。朕以道在包荒，恩推恶杀，在昔辂车出蜀，青盖辞吴，彼皆闰位之降君，不预中朝之正朔，及颁爵命，方列公侯。尔实为外臣，戾我恩德，比禅与皓，又非其伦。特升拱极之班，赐以列侯之号，式优待遇。尽舍尤违，今授尔为光禄大夫、检校太傅右千牛卫上将军，封违命侯，尔其钦哉！毋再负德！

这"违命侯"三个字，一笔一画恨不得都在嘲笑和讽刺李煜的过去和现状，你看无论如何挣扎，如今不都要匍匐在我的脚下尊我为皇？

李煜惶恐受诏，跪地叩谢。

他又如何不懂这三个字的意义，只是如今人为刀俎我为鱼肉，只能打碎牙混着血往肚里咽。

李煜接过诏书，双手举过头顶像从前宫人面对他时所行礼一样，再次道谢，低着头闭上眼睛，深深地叹了一口气。

命运大概都是轮回的吧，从快乐的那一刻起，就是在迎接痛苦，从得到的那一刻起，就是在准备失去。

第五卷：梦里不知身是客，觉来方晓日暮西

孤灯思欲绝，望月空长叹

随着李煜的被俘，宋朝城内如皇家宫苑般精美考究的"礼贤宅"，终于迎来了它的主人。

这座"礼贤宅"是赵匡胤为李煜所建，花费了大量人力财力，修建得和李煜在南唐所住的宫殿相差无几，乱石假山、奇花异草、亭台水榭，无一不展现着江南特有的小桥流水、山色空蒙。那时候赵匡胤还不想对南唐兵戎相见，他不想杀敌一千自损八百，毕竟南唐国土辽阔，他希望通过优厚礼遇，让李煜做一个识时务的俊杰，能够看清楚宋朝与南唐之间实力悬殊，主动纳土归降，然后在这样一方赏心悦目的天地里流连忘返、乐不思蜀。

于是赵匡胤曾几次以"礼"相邀请李煜来宋朝的皇城游玩行走。在李煜看来，赵匡胤这样的做派像极了笑面虎，面上和善相待而实际背后手里早就握好了刀子。所以对于赵匡胤几次相邀，语气无论软硬，李煜通通称病，反复强调身体不适难以从命推脱了。

李煜一直软弱逃避的态度让赵匡胤大为恼火，终于先礼后兵。一场战争过后，李煜还是来到了这个地方。初入"礼贤宅"的李煜感觉自己就

像一只无能的困兽，在这金丝笼里只能乖乖做一个顺民，宋朝的一切都好像是一张巨大又华丽的网，将李煜紧紧地困在其中。

坐在厅中，入眼之处皆为江南旧景，心中不禁感慨万千，当初在金碧辉煌的南唐皇宫里，和宠臣吟诗作赋，和大周后娥皇在宫中日日欢歌，和小周后彻夜畅饮的情景似乎就在昨天，一夜之间，樯橹灰飞烟灭。

从前的快乐终于被透支完了，如今终于要背负起这沉痛的代价。

想起从前，对国主之位逃之不及，却戏剧性地登上大位。如今这些好的坏的，喜欢的不喜欢的这一切，都已经消散殆尽，只剩下了这个无措悲痛得，如同行尸走肉般，被生生抽去了灵魂的肉体。时间总是有着摧枯拉朽的魔力，将一切美好的人事物都肆虐一番，让身在其中的人亲眼看着这一切消亡、更改、替代，然后将他从这个血肉相融的环境里剥离开来，鲜血淋漓，痛不欲生。

曾经为了留住李煜特意建造的江南美景，如今都成了李煜心口上细密的刺，目光所及之处，哪里还有温馨的景色，那是李煜的前半生啊，如今看一眼，心口就像被针扎一次，他能怪谁呢？

怪自己咎由自取，也怪自己为何偏属帝王家。

在这一片冰冷萧瑟的景象里，连呼吸一口气，都冷得像要窒息了一样，窗外的树枝上却已经开始长出嫩芽，迎来了春的痕迹。

也许连这棵树都知道自己是属于宋朝的，在欢呼着战争的胜利。

李煜在这样乍暖还寒的天气里，坐在院中自饮自酌，仿佛周遭的一切都被隔绝开来。他思绪万千却不知与何人说，在这样的环境里，他所说的每一句话所做的每一件事，都会有人一五一十地禀报给赵匡胤，从前一声令下万千响应的日子已经一去不复还了，那些烟雨江南的美景也都随着连天烽火远去了，他如今只是个阶下囚。

一杯冰冷的酒入愁肠，却烫得自己肝肠寸断，他一边蜷缩起身体，一边享受着这杯酒带来的痛苦，因为只有在这样两极的刺激之下，他才知道自己还是个活生生的人。

他数着日子在宋朝的笼子里彻夜无眠，在梦里梦见那战场硝烟，醒来满头大汗，然后坐起看着身旁小周后熟睡的脸，惊讶又自责，惊讶当初那个明媚的提鞋少女如今睡着时居然紧锁眉头。她本应该是无忧无虑的，不被世俗的教条所拘束，在珠环翠绕的环境里娇养着，在初春时节里游玩踏青、巧笑倩兮。如今却因为自己，来到了这样一个举目无亲行为拘束的地方，过早地结束了自己青春烂漫的日子，和他并肩承担起了亡国的后果。

他心有自责，想在春季到来之时带着小周后在这局限的环境里，像从前一样赏花游玩。于是趁夜起身，伏在案边，李煜挥笔写下一首《望江南·闲梦远》：

闲梦远，南国正芳春。
船上管弦江面渌，满城飞絮辊轻尘。忙杀看花人！

闲梦远，南国正清秋。
千里江山寒色远，芦花深处泊孤舟，笛在月明楼。

回忆起曾经在南唐的点点滴滴如同一场遥不可及的梦，闲梦悠远，此时的南国，应该是春光正好的时候。船上管弦声不绝于耳，江水迎着阳光波光粼粼，满城柳絮纷飞，洋洋洒洒如雪，淡淡尘烟滚滚，整个南国美不胜收，忙坏了看花的人们。

而南唐的皇宫里，每逢春季都有大片的奇花异草争相开放，若是一切如往常，那现在应该正是宫人们赏园的时节，三三两两，嬉笑打闹，摘一朵花带头上，娇颜引蝶采。

这样好的春光，李煜大概在宫里的某个亭台水榭边，同小周后一起赏花听曲，好不快活，也从未想过有一日，会成为亡国丧家的人，会被困在这样一个地方。

思及此，李煜心中有如无边落木萧萧下的秋风萧索之感，闲梦幽远，南唐故国有着秋高气爽的清秋。辽阔无际的江山笼罩着一片淡淡的秋色，美丽的芦花深处横着一叶孤舟，悠扬的笛声回荡在洒满月光的高楼。

在那样的深秋里，南国山色空蒙，秋风瑟瑟，河流山川都弥漫着一股浓浓的衰微的凄凉。

李煜词里的秋，写的似乎是悠然安适，却也透露出自己的翻飞思绪都是围绕着南国。今天下雨了，南国是什么样呢？有没有洪涝危险？今天是个有风的大晴天，南国是什么样呢？是不是也是阳光明媚的好天气？

从前不曾思虑过百姓的安危，如今却连做梦都在思虑着南国的一切，怀念一切好的坏的。

而李清照有诗云：

《醉花阴》

薄雾浓云愁永昼，瑞脑消金兽。佳节又重阳，玉枕纱厨，半夜凉初透。

东篱把酒黄昏后，有暗香盈袖。莫道不销魂，帘卷西风，人比黄花瘦。

这首词明明是写秋风乍起又近重阳，一种思念远亲的情绪，却出奇地适合李煜此刻的心境。从前李煜也是"瑞脑消金兽"，如今却"薄雾浓云愁永昼"，一点愁思才下眉头，却上心头。这种忧愁是浓得化不开的，将会伴随着李煜剩下的生命，贯穿始终。

有人是为爱情茶饭不思，有人是为亲人辗转反侧，所以有了"衣带渐宽终不悔，为伊消得人憔悴"，而李煜所有夜不能寐的日子，是为了南国，为了心中的无限懊悔，恨自己的无能。

明月照不尽离别人。

跳出李煜的思想来看，若是将李煜从前的荒唐用泰戈尔在《红夹竹桃》中说的话来形容，就是："当干渴的人没有希望找到水的时候，它是很容易受海市蜃楼的欺骗，而徒然在一片又一片的沙漠中去探寻。"

因为找不到希望而盲目地被"小长老"为他描绘出的海市蜃楼所迷惑，便可以解释后来的李煜痴迷佛教信奉奸臣，导致今天亡国被囚。人总是在最无措时最容易被蒙蔽住双眼，对虚妄的繁荣心动不已，更甚者，"心知所见皆幻影，敢以耳目烦神工"，哪怕明明知道一切皆是幻影，却依然深信不疑，如此，得到的只能是大梦归来一场空。

有人疑惑为何不好好治国奋力出击以求力挽狂澜，可是李煜若真是个和李昪或是赵匡胤有那么一点点相似之处的人，有那么一点点大国胸怀和宏图伟略，那这"问君能有几多愁，恰是一江春水向东流"便没有了，反倒是成就了"乘风破浪会有时，直挂云帆济沧海"这样的大气胸襟和蓄势待发的气势，这李煜，也成了第二个勾践了。

李煜之所以独一无二，正是因为他文人的性格，在一国之主的位子上软弱着，用弱者的身份却在行强者的任性之乐，以至于最后沦为阶下囚，落差太大、心中郁结，才得以成就词之帝王。

《望江南》

多少泪，断脸复横颐。心事莫将和泪说，凤笙休向泪时吹，肠断更无疑。

多少恨，昨夜梦魂中。还似旧时游上苑，车如流水马如龙，花月正春风。

故国之思、亡国之痛让李煜时常以泪洗面，每每思及过往，悔恨长伴追忆不断，这沉重的心事，也只能和着眼泪默默无言地不停流。

昨晚已经是不知道第几次梦见过去了，还像记忆里的曾经那样美好，我们闲庭信步、谈天说地，就像后来的一切不曾发生一样，一句"还似旧时游上苑，车如流水马如龙，花月正春风"，一字字，一笔一画，都弥漫着浓浓的悲哀，道出了李煜内心巨大的伤痛和卑微的现状。

如今正是九十春光，沉思往事立斜阳，有时就这么靠着小轩窗一坐就是一整天，听风吹过，看叶落下，虫飞鸟叫。这一切世间如常之事，在李煜的眼里都会被披上哀伤的外衣，所有一切都能成为悲痛的理由。回顾起这一生，似乎就像走在漫无边际的悲伤河流中，从来天不遂人愿，那几年偷来的快乐，回想起来如数家珍，如今一并悉数交给了时间，换回了痛苦。他悔恨过，悔恨自己软弱无能，万里山河终易主，但是也从某一角度上满足过，如若这一生都汲汲营营最后碌碌无为，那这一生，可能也就这样了，得不到什么快乐的经历了。

愁与悲，似乎就是命运在李煜身上留下的烙印，深可见骨。

北方的冬季似乎比南方更加冗长而冷酷，这时候江南的绿意已经开始出现了，而宋朝的皇城里还弥漫着严冬的寒冷。李煜忽然感悟到，随着去年冬天那场战争的开始，自己就被冰封在了那个季节了，往后春去秋来，世事如何变幻都与他无关。哪怕春风拂在面上，骄阳似火酷热，他都不会再欣喜和焦躁了。

人这一生该经历的，他似乎都比常人经历得多，喜怒乐在过去已经体会够了，往后的半生，哀之苦便是他人生的主旋律了。

柳田谦十郎在《我的世界观的转变》一书中说："在人生的过程中，再没有比绝望和失意的时期更重要的了。不经过这样的时期而成长起来的嫩芽，确是一帆风顺而幸福的，然而它的茎干是脆弱的，稍微刮一点风就会立刻折断并跌倒下去。"

从前还不算太理解这句话。如今了解了李煜，才大概能理解一二，经过淬火历练的钢铁，才能够百折不弯，因为有过这样的经历，所以承受力和反应力比常人高；而那个生长了枝丫的茎干，从小顺风顺水，像是李煜，后来的一点风吹草动都会让其折断跌倒。

在五代十国这样一个乱世之中，人才辈出，局势动荡，李煜的存在无疑是一个异类。他崇学尚文，实在是不像一个一国之主，任性得对现状不管不顾，抛开这个身份赋予他所应该做的，而去选择了自己内心一直想做的，活成了大多数人想而不敢的样子。

哪怕历经千年风霜，回想起江南国主，世人印象里都会浮现出那个素衣薄衫、面色清冷、身形单薄的文人才子形象，他的一个眼神都沾着雨、带着风一般悠长惆怅，而不是他作为国主该有的挥斥方遒、运筹帷幄的英武形象。

他该是老树下衣袂飘飘，一壶老酒伴着悠然琴声酣畅醉倒的风流少年；也是花架下笔墨书香里挥毫泼墨、为写诗填词眉头紧蹙的纯真才子。看春夏秋冬都是"水晶帘动微风起，满架蔷薇一院香"，是"漠漠水田飞白鹭，阴阴夏木啭黄鹂。"

江南国主不该是他，"李煜"也不该是他，他灵魂里始终住着的，都是那个浑身书香的少年。

这千差万别间，促成了南唐的衰弱，促成了国家的灭亡。

如今北国的春终于缓缓到来，坐在这禁院里，他像个老人一般回忆所有已经失去的人事物，思念南唐的一切，时常"孤灯不明思欲绝，卷帷望月空长叹。"

他同样疯狂地思念着娥皇，哪怕小周后就在身边。这种思念，是基于一种对当初娥皇在世时候生活的怀念，用另一句话来说，娥皇对于李煜，就像是记忆的一个载体，意味着好的生活。因为那段时间是南唐还有些国力的时候，他们用仅剩的物质条件穷尽花样地在"寻欢作乐"上大下功夫，所以对于这个人也好，对于那段时间也好，都是李煜记忆里无可替代的。

就像人都会怀念过去一些美好的时刻，或是对一支充满美好回忆的曲子念念不忘。而李煜一生中美好的时刻虽然不少，但是和娥皇在一起的日子，大约是人生中最美好的时候，所以历历在目，所以记忆犹新。

更何况如今娥皇早已去世，这种留有遗憾的感情才更加让人朝思暮想、刻骨铭心。所以才会有白居易《长恨歌》中的："鸳鸯瓦冷霜华重，翡翠衾寒谁与共。悠悠生死别经年，魂魄不曾来入梦。"

可如今，所有的回忆都像是在饮鸩止渴，醒来时的心理落差能将一个人吞噬得面目全非。可是这些都不重要了，他不能够宣泄，所以只能一次次地陷入回忆，一次次地在清醒与沉醉之间徘徊。

欲将心事付瑶琴。知音少，弦断有谁听。

古之成大事者，不唯有超世之才，亦必有坚韧不拔之志。从一国之主成了阶下囚，虽然始终心念故国，可惜的是，李煜没有越王勾践卧薪尝胆的决心和毅力。勾践可以在失败之后隐忍蛰伏蓄势待发，甚至为夫差尝粪治病，最后果然得到了夫差的信任，被放虎归山。可李煜不是这样一个能忍辱负重的人，一次的失败就会让他举步不前故步自封，甚至于还没有到兵临城下水漫金山的地步，就恨不得放下一切尊严答应一切条件，来换取短暂的存活。

所以他可悲就可悲在，他不是个十足懦夫，他要是真像阿斗那般烂泥扶不上墙，整日在禁院寻欢作乐、乐不思蜀，那也就不会有这么多的哀痛和悔恨了。就是因为他内心还存有一丝对李氏江山的责任与愧疚，对南唐始终有着一份惦念，他本应该是活得纯粹又自我的富贵闲人，可是这份富贵带给他的重担让他身上的纯粹迎上了现实的残酷，这样火星撞地球的冲击力，让他鲜血淋漓，从自我沉醉里清醒过来，看着这残酷的一切，所以他注定活得可悲又可怜。

李煜的纯粹还在于，在这样被动的境地，他的言语也不加拘束，明知有无数双眼睛在盯着这里，依旧日日吟着愁苦思乡之词，不会做出一副讨巧谄媚表忠心的面孔来换取更安全更自由的空间。

好在，宋太祖赵匡胤本就不是心性狭小之人，对于李煜明明是亡国之主，却每日南望思乡的行为言语并无多加拘束，不过一笑了之。这也体现了赵匡胤作为一个大国之主的心胸和格局，大概也是北宋成功的原因之一。

抽刀断水流，酒消愁更愁

《百年孤独》里有段话："过去都是假的，回忆是一条没有归途的路，以往的一切春天都无法复原，即使最狂乱坚韧的爱情，归根结底也不过是一种瞬息即逝的现实，唯有孤独永恒。"

过去的都过去了，昨日之事昨日死，剩下的就是活在当下。可是偏偏有些情绪感想，却能始终留在人的脑海里，像一根长长的长满枝丫结满果实的藤蔓，将人缠绕，将所有被遗忘的日子和一个人的时间都串联起来统一收纳归置。

若是说有什么是贯穿在李煜人生里不老、不死、不消、不灭的情绪，那便是永恒的哀愁。

从前年轻，不谙世事，或许最大的愁就是躲避长兄的锋芒；后来成家，愁便是登上大位后的无奈与无计可施。再后来，愁便是为那绕指柔，恩爱亲人溘然长逝，天人永隔的滋味他一夜间尝够；而现在，愁便是家仇国恨。李煜的愁，来的总是那么急切，就如一场山雨，来时风满楼，去时满狼藉，徒留李煜一人收拾着一地废墟。

过去每一个晨光熹微黎明初现的清晨，每一个黄昏日落灯火万家的夜晚，每一个昏昏欲睡的午后，或是徐徐微风的傍晚，阳光是不同的，落日是不同的，微风是不同的，唯有感受这一切的心情都是欣喜美妙的。可是如今那些散落在角落里的欣喜美妙的心情，都成了奢望。在现在的每一天，都没有了欣赏的心情，取而代之的是终日愁苦借酒消愁的现实。

爱情、亲情，世间的一切都会消散，但是每一次孤独的刹那或是哀愁的时刻，都被记忆固定在脑海里成了永恒。

大约是这样的哀伤太多了，李煜的眉眼里尽是哀愁与看不清的忧伤，他像是一夜之间从任性的、一意孤行的青年，步入了饱经沧桑一路风霜的暮年一般。

又或许，人都是一瞬间长大、一瞬间变老的，只是这个一瞬间太多了，具有连续性了，大家就以为你的成长、衰老就像是循序渐进。

降宋以后，李煜早就不闻窗外事，不知今夕是何夕，只终日借酒浇愁以泪洗面，沉湎在过去的美好里无法自拔。蜗居在这礼贤宅里，墙里墙外两个世界，李煜也没有心情去关心打探了，这戒备森严的高墙深院，拦住了李煜的行动，也拦住了李煜的思想。

在这样孤寂又痛苦的日子里，李煜时常悲从中来，挥笔便写下一首凄婉之词：

《浪淘沙》
往事只堪哀，对景难排。秋风庭院藓侵阶。一任珠帘闲不卷，终日谁来。
金锁已沉埋，壮气蒿莱。晚凉天净月华开。想得玉楼瑶殿影，空照秦淮。

这首怀念南唐的词一字一句无不体现了李煜当时的哀痛之情。回想起过去的一切，那些令人怀念的日子，如今想来让人徒增哀叹。当初有多美好，如今就有多哀痛，哪怕是面对如此良辰美景，内心的郁闷依旧难以平复，无处排遣。这样的愁苦，让李煜整个人从心底里发出寒冷的气息，哪怕在白日里沐浴阳光，也觉得寒冷无比，从脚趾到发丝，都像是浸泡在寒冰水里，他一边回忆着过去的所有，一边瑟瑟发抖。

过去啊，那些岁月芳华、温香艳玉。

体会过山顶的风月骄阳，却从这高山之巅跌落尘埃泥沼的，那颗吹着山风成长的心脏啊，怎么受得起平地风尘？

秋风瑟瑟，吹着离人归，那些冷落的庭院中，苔藓爬满了台阶，触目可见。它们大概是等不到故人归来了吧，曾经的"春殿嫔娥鱼贯列"都不复存在了，门前的珠帘也任凭它慵懒地垂着，从不卷起，大概是知道，再也不会有什么人会光临探望这里了，只剩下空寂的一院秋色。

当年横江的铁锁链，已经深深地埋于江底；那些壮士们的豪壮气概，也早已随着时光流转，全都如荒郊野草，随风飘散去。那些金戈铁马的日子仿佛还在昨天，一切都像是一场梦，随风而去，随时间而去，随岁月而去。

傍晚的天气渐渐转凉，天空是那样明净，月光毫无遮拦地洒在秦淮河上，印出河畔的高楼殿宇。过去的所有，也不过如同水中月，镜中花，空虚一场。

在经历过太多的悲怆后，李煜也想哭天喊地地控诉，话未出口便堵在喉咙喑哑无言，只叹口气，叹河流山川朝霞雨露，叹春花秋月夏荷冬雪，叹它们一生顺遂，却眼睁睁地看着肉身凡胎的俗子在这世上苦苦挣扎，无动于衷。

这些无动于衷的人事物，都是人生路上的旁观者，是不留姓名的甲乙丙丁，为他的成长驻足，慎重地观瞻着他的言行，教会他懂得：生而为人便意味着，这一生就要去面对痛苦、快乐。这些都是不可避免的，就像站在一条大道上，不断前行着，几多风雨几度春秋，暂时的平静也不能代表永久的安宁，总有一天，好的或坏的，拦路虎或垫脚石，狭路相逢勇者胜。

李白有诗《宣州谢朓楼饯别校书叔云》，写出长期处于生活不如意的烦忧。明明有着"欲上青天揽明月"的远大抱负，却被困在了现实的苦闷中借酒浇愁，与李煜的身处困境痛苦不堪，借酒消愁的现状颇为相似。

弃我去者，昨日之日不可留；
乱我心者，今日之日多烦忧。
长风万里送秋雁，对此可以酣高楼。
蓬莱文章建安骨，中间小谢又清发。
俱怀逸兴壮思飞，欲上青天揽明月。
抽刀断水水更流，举杯销愁愁更愁。
人生在世不称意，明朝散发弄扁舟。

弃我而去的昨天已不可挽留，扰乱我心绪的今天使我极为烦忧。

我们都曾满怀豪情逸兴，想要一展宏图，在乱世之中活出想要的样子，或雄才伟略，或自在逍遥，想要腾空而上，去摘取那皎洁的明月，却被现实的风吹落染尘。

李白对现实强烈不满，想要自己的才华和抱负得以施展，李煜想要回到过去，还他南国。大家都有着自身的深切期望，却都被现实的大环境拘束着，权利总是掌握在少数人的手里，本来心有万千想法，却在这现实里，陷入更加愁苦的心情中。苦闷无法调解，只有寄情诗酒。

抽出宝刀去砍流水，水不但没有被斩断，反而流得更湍急了。举起酒杯痛饮，本想借酒消去烦忧，结果反倒愁上加愁。

人生在世竟然如此不称心如意，还不如明天就披散了头发，无拘无束地乘一只小舟在江湖之上自在地漂流。

李白诗中提到的"人生在世不称意，明朝散发弄扁舟"，倒是和李煜在即位之前所写的"万顷波中得自由"颇为相似，都是想躲进这样的环境里，过着怡然自得、不问世事，也不会为现实的残酷所烦恼的生活。

可既然选择了"大丈夫生于乱世，当带三尺剑立不世之功"这条路，便注定要蹚过江河、走过泥泞、踏过深雪，这一生，就注定做国家的不二之臣，撞南墙也没有后路。

乱世里，人生始终充满荆棘，如果没有满腔孤勇去披荆斩棘，就会被现实的荆条抽打折磨。

在宋朝的金色牢笼里，李煜一遍遍地劝自己认命，本就不是帝王命，却做了一场帝王梦，梦醒了也别怨谁，就当是过了一场别人做梦都想过的人生，也没什么遗憾了。

另一边，李煜却是到底意难平，自己真的已经无能到这个地步了？在敌人的国家里怎么能当作什么事都没有发生过，和往常一样同宫人们言笑晏晏？但凡一个稍有血性骨气的人，也不会如此，更何况，他已经对不起南国的百姓了，将来百年之后该有何颜面去见故人？

可是再如何义愤填膺，再如何意难平，都被现实磨去了棱角。李煜只能怀着满腔悔恨，临风站在这亭台楼阁上，久久南望。

可惜，命运总是波折的，当李煜以为这已经是人生最低谷时，殊不知，还有更大的暴风雨在等他们。

随着赵匡胤这位统治者人生的谢幕，其弟赵光义粉墨登场。

宋太祖之死和宋太宗的即位，为后世留下了"烛影斧声"的千古谜案。对于赵匡胤的死，史书没有任何详细资料记载具体是何原因，有的只是对他的死亡一笔带过："公元 976 年，十月十九日夜，赵匡胤召其弟赵光义饮酒，共宿宫中；隔日清晨，赵匡胤暴死，享年 50 岁，谥曰英武圣文神德皇帝，庙号太祖。"同样《宋史演义》里的记载也并未细说："俄听太祖嘱咐光义，语言若断若续，声音过低，共觉辨不清楚。过了片刻，又见烛影摇红，或暗或明，仿佛似光义离席，逡巡退避的形状。既而闻柱斧戳地声，又闻太祖高声道：'你好好去做！'这一语音激而惨，也不知为着何故，蓦见光义至寝门侧，传呼内侍，速请皇后皇子等到来。内侍分头去请，不一时，陆续俱到，趋近榻前，不瞧犹可，瞧着后，大家便齐声悲号。原来太祖已目定口开，悠然归天去了。"

这位传奇帝王，在开宝九年离奇去世。

赵光义在登上帝位之前的半生里，一直是站在赵匡胤身后的，没有什么大波大折。对于赵光义的出生，跟每个帝王的出生都颇为相似，赵母见有神灵捧着太阳授予她，从而有娠怀孕，直到赵光义出生的当天夜晚，从产房里升起红光似火，而在宫外的大街小巷里到处充满异香。

似乎每代帝王的出生都伴随着天生异象或是神女托梦，似乎这样才符合帝王不凡的一生。

　　而随着赵匡胤的死亡，宋太宗赵光义的登场，朝堂一阵变动，赵光义这个帝王和李煜有点相似，他和李煜一样喜爱诗文，并且嗜书成癖，坚信读书有用开卷有益，自己还会从书中探察古今兴亡、成败得失，以史为鉴，择善戒恶，治国平天下。

　　所以对于亡国后主李煜这样一个绝代才子，赵光义是又爱又恨，以至于时常在无形间将李煜置于窘迫的境地，更甚者，对李煜的妻子小周后也一直贼心不死想将其强掳霸占。

　　其实历史上亡国之主被俘并不是什么新鲜事，南征北战代代有，而俘虏的待遇，大多都是相似的，如晋愍帝司马邺，晋武帝孙，吴孝王司马晏之子。公元316年，司马邺即位于长安，即位时年仅13岁，由琅邪王司马睿，南阳王司马保辅政。

　　后匈奴刘曜进攻长安，愍帝投降，先是受到了刘曜好一顿羞辱，而后刘曜派人把他押到平阳刘聪面前，刘聪想方设法百般羞辱司马邺，对待司马邺更像是在戏耍一个动物。甚至在打猎时，还要求司马邺全身披挂，手执长戟，作为刘聪的前导。或是在光极殿宴会群臣时，让司马邺穿上青衣，给大家斟酒，甚至在自己小便时，命令愍帝替他揭开便桶盖。如此肆言侮辱，将司马邺的人格尊严踩在脚底下肆意践踏，且被侮辱之人毫无挣扎的余地。

　　自古"败寇"，寄人篱下我为鱼肉，就等于一切作为一个人该有的正常权利都有可能随时被剥夺，而"成王"，往往喜欢踩躏侮辱俘虏，来达到内心某些隐秘欲望的满足。

而赵光义此人有无如此扭曲的心无人可知，却因为自己的好色之心让李煜蒙羞，受尽侮辱。

本以为这辈子就这样过了，余生也没有什么挂念了，却万万没想到，噩梦般的生活才刚刚开始。

新帝赵光义一即位，便下诏，废除李煜的爵位"违命侯"，改封"陇西郡公"。看似意味着李煜身份的提高，然而李煜的日子却过得还不如过去赵匡胤在世的时候。

赵光义对文学有着浓厚的兴趣，而李煜被称作"词帝"，可想而知他的文学水平和诗词造诣有多高，这恰好也对上了赵光义的口味。于是，赵光义时常约上李煜聊前史、聊今朝，可是李煜本就是降臣，哪里还有什么心情和赵光义放下一切芥蒂谈天说地？于是赵光义便常常独自阐述，偶尔李煜附和。这样的时间对李煜来说，无疑是备受煎熬的，也是屈辱的，他怎么可能当作一切都没发生的样子和赵光义把酒言欢知无不言，这样无奈的处境，李煜只觉得是将他一切的自尊都踩在了宋朝的脚底下。

甚至，李煜看见赵光义向他炫耀的藏书或古玩珍品，其中有不少都是当初南下进攻南唐时掳掠而来的。李煜看着这些曾经放在手上细细摩挲的东西，思绪一下子被拉得好远，当初对这些古玩稍稍玩弄便丢在一旁，然后思绪又被现实拉扯回来，看着已经成为别人囊中之物的东西，不禁百感交集，赵光义这哪里是在邀请自己来鉴赏，只不过是借着鉴赏的名义来侮辱他。

　　李煜本以为这样的侮辱已经让他难以招架了，当天回到住所，不禁又一次失声痛哭，他望着南方的天空，无数次地回忆起曾经的美好，现实的落差让回忆变成了热辣滚烫又醉人的酒，一口入喉愁肠郁结辛辣刺鼻，却又让人欲罢不能，每每醉倒其中难以自拔。

　　可是，这对于后来小周后所受的侮辱，根本算不得什么。

　　陇西郡公和郑国夫人，李煜和小周后嘉敏，在这深宫里只求平安度日，可惜保全自身竟也随着赵光义的即位而变成了奢望。

　　早在李煜初入宋朝皇城前，赵光义就听说了南唐周氏姐妹个个貌美如花，便想方设法地想拥有嘉敏，而就是赵光义的这种渴望，让李煜真正体会到了国破家亡，妻离子散的感受。

　　嘉敏作为李煜的续弦，将最美好的年华都给了李煜，两人相差十几岁，豆蔻时期她陪着李煜嬉笑打闹，青春年少她陪着李煜饮酒作对，李煜陪着她成长，她陪着李煜度过沧桑。

　　对于嘉敏来说，本就是珠环翠绕的千金小姐，一跃成为一国之后，这样的生活似乎已经是人生巅峰了，可没想到站在巅峰上不久就急转直下，落入尘埃。从此万人敬仰的位子没有了，转而俯身跪地，成了没有自由的、随时命悬一线的阶下囚徒。这样大的心理落差，嘉敏不是毫不在意的，相反她也很难过，可是事情似乎从来都不会朝着自己想要的方向发展，所以她只能收起一切毫无用处的难过悲伤，去安慰那个比自己更痛苦的丈夫，这对患难夫妻，如今也只能相依为命。

　　而李煜，遇到事情，大概第一个想到的就是躲避和自我麻痹，无数次沉溺在过去的无限美好里，殊不知，过去的所有美好，不过是李煜为自己创造的，纵容自己去享受、去作乐，而这一切，都绝非是一个国主该有的行为。

曾经用躲避换来的安逸让赵匡胤看扁了李煜，认为他不过是个懦弱无能的酸文人，在一定程度上成全了赵匡胤南伐的成功。如今在这宋朝皇城里，李煜终日长吁短叹，既没有激烈言辞，也没有跪地求饶，外表看起来像是云淡风轻的样子，这让赵光义越发胆大妄为，对待这对患难夫妻越发不客气。

宋朝宫中时常有宴会交际，起初，赵光义不过让宫人宣嘉敏进殿侍宴，李煜虽然不放心，却也随她去了。嘉敏回来时，也像李煜解释，只是侍宴，别无其他，让李煜宽心，实际宴会上，赵光义对自己动手动脚，嘉敏将这些委屈统统咽了下去。

可是人的欲望总是越来越大的，赵光义并不只满足于看着嘉敏为自己侍宴。时间久了，侍宴变成了侍寝，且一去便是多日，久而久之，李煜也明白了，这名为侍宴，实际上到底是什么意思。那一夜他坐在小苑里一夜未眠，小石桌上那些倒下的空酒壶，一个个都是李煜的心事，他突然有那么一瞬间反思了自己的软弱不堪，恨自己无能，保不住国家，居然连自己的妻子也保护不了。

赵光义如此侮辱嘉敏，使嘉敏痛苦不已，原本故作坚强的心突然就崩塌了，神经像是被人拉扯断，再也说不出什么安慰人的话了。

这对苦命鸳鸯，不知道午夜梦回时，会不会梦到过去那些如花儿般灿烂的日子？会不会有过一丝的后悔，后悔进入权利的牢笼？

这时候的江南风光正好吧？湖上游人笑，溪头小儿闹，一切战争留下的疮痍都开始恢复，所有的快乐和伤痛都会随着时间的推移慢慢忘却、结痂。是否有一天人们也会忘了，那个暮色辰光里，在金陵城外一步三回头的单薄身影？他们曾是这片土地的王啊，如今已是小儿不识，或许多年之后，也会有人在那片曾经的战场上远望，只是不知道还会不会记得曾经的过往。

从宫中回来的路上，嘉敏仿佛被人抽掉了灵魂，整个人如同行尸走肉般麻木地望着远方，目不转睛，她想了很多，过去、现在、未来，她甚至想到了死。

直到回到府里看见李煜，才突然"哇"的一声哭出来，扑向李煜，千言万语的委屈此刻都堵在喉咙，不知如何开口。在李煜的关心下，嘉敏终于抑制不住自己的委屈和痛苦，向他哭诉赵光义对她的无耻威逼和野蛮摧残。

李煜则望着她那充满屈辱和痛苦的泪眼，作为一个生长在封建古代的人，也许李煜是有过一些想法的，可是他也知道，能怪谁呢？怪自己的软弱无能？还是怪赵光义的无耻卑鄙？他已经没有资格再去怪谁了，在这个牢笼里，能陪着他的人越来越少，任何的想法都是奢望。而且，嘉敏又做错了什么呢？

她什么都没有做错，只是和李煜一样，无奈入了帝王家，或许若是没有当初的惊鸿一瞥、一见钟情，便没有往后的所有痛苦悲伤，甚至那些快乐的、美好的回忆，也都不复存在了。

李煜叹气，自责地陪着她悄悄流泪。

那一夜，嘉敏惊梦连连，李煜夜不能寐，坐在小窗边，听着窗外的雨滴滴落的声音，滴滴答答，他满怀着心事，数着雨声，一声、两声、三声……

他为自己堂堂一个男子却在面对妻子受辱时无能为力，不能保护自己的爱妻而内疚，看着床榻上眉头紧蹙的妻子，让他作为一个男人的内心感到深深的悲哀与自责，他伤心欲绝，更恨赵光义的下流与无耻。

李煜身陷囹圄，致使他在面对亲人遭受这种难以启齿的凌辱时，除了强忍伤痛努力安慰之外，也只有暗自泣泪。而对于赵光义的兽行，他们只能打碎了牙混着血往肚里吞，强压怒火、尽力回避。

噩梦，开始了。

更令人发指的是，赵光义还把画师招来，当众"强幸"小周后，命画师现场作画，将整个"活春宫"都描画下来。后人称此画为《熙陵幸小周后图》。这幅作品一直流传下来，宋仁宗时的宰相文彦博还在笔记中说他曾经亲眼看到过这幅画，更是有元人冯海粟学士题云："江南剩得李花开，也被君王强折来。怪底金风冲地起，御园红紫满龙堆。"

李煜面对如此奇耻大辱，却是有口不能言，在别人的屋檐下活着，还怎么能说别人的不好，对着赵光义逞口舌之快，无异于螳臂当车。

他开始从偶尔地夜不能寐，变成了整夜整夜地失眠，明明是中年之际，却已经两鬓雪白如垂垂老矣，令人不忍看。

倚靠在亭台上，有风吹过，卷起衣袂飘飘荡荡，风里有北方特有的干燥味道，苑中花儿已经被风霜摧残尽了，再过几日，这里便一点红色也看不见了吧？不知道此刻那些南国的旧人们在做些什么呢？他们是否偶尔会想起，曾经那个任性的统治者？

忘了吧，还是忘了好，过去的都过去，或许对于那些人来说，过去是不够美好的，只是对于李煜来说，是难以忘怀的美好。

李煜看着远方，眼睛渐渐酸涩发胀，似乎是有什么滚烫的东西要从眼眶里流出来了，低着头，努力地让自己看起来不那么悲惨，可是都失败了，他看着在身边呆坐着发愣的嘉敏，心中的自责与痛苦终于冲破了克制，转而化为瓢泼大雨般抵挡不住的悲哀，从眼眶里，从喉咙中，从握紧的拳头里迸发出来。那是一种怎样的悲哀？是比绝望还要痛苦的哀痛与心殇。

信佛的人一般相信因果报应，李煜这个时候会不会仔细回想，如今的果，到底是自己什么时候以何种方式种下的因？大概是从出生的那一刻起，大概是从母亲教导自己要做一个心思单纯性格谦和的人那一刻起，大概是从父亲赞赏自己所作文章的那一刻起，大概是从习惯性逃避的那一刻起。

李煜站在人生这段仆仆风尘里，自尊与自由一点点被瓦解被剥夺，年岁在成长，心灵在苍老，如朽木死灰。

那段时间里，嘉敏的一举一动一言一行李煜都心疼不已，他时常想着，是否只有死亡才能结束这一切？

他没有选择寻短见，当初国破没有，如今就更不会有，似乎李煜比世人想象得更加坚强，但是他的坚强，不等于乐观。

在这样的环境下，李煜既做不到向赵光义摇尾乞怜，更做不到装作若无其事，他们只好尽量回避宫中宴会。

然而，越是回避，越难忘情。小周后每次应召入宫，时间似乎都过得十分慢，李煜数着时间煎熬着，失魂落魄也心神不宁，那道门已经快被望眼欲穿。

往日里，小周后娇嗔的神态——在眼前浮现，如梦似幻如影随形。在这样的夜晚，清冷孤寂，他惆怅无言，心里有千言万语却也只能寄情于明月，依稀闻见枝头谷鸟的争鸣，又是一夜，哀思无涯。

他想起了当初迎娶嘉敏的时候，同样是十里红妆不输当年娥皇盛况，那时的南唐虽是大厦将倾，却是瘦死骆驼比马大，还能坚持一段时间，他们还都沉浸在末日繁华当中。本来帝王续弦，又逢国库空虚，应该一切从简，可李煜知道，嘉敏等这一天等得太久了，他不想让她失望。于是倾尽所有，赐宴天下，哪怕国家正内外交困，都比不上迎娶嘉敏重要。

就像《倾城之恋》，用整个香港的沦陷，来成全了白流苏和范柳原的爱情。

而南唐，耗尽所有精力，来成全帝后的盛大婚礼，全了嘉敏的新嫁娘梦。

暮色深深红烛燃尽，凤冠霞帔的嘉敏就这么坐在房里，等待着李煜的到来，那一刻他们眼里没有南唐，没有什么国难连年，只有绵延不绝的爱意和情思暗涌的彼此，当下即永恒。

当年风光霁月才子佳人，如今还是免不了被世俗的疾风烈日打入凡尘，让他们饱受人生之苦。

　　身处这样的悲惨境遇里，李煜有感而发，挥笔写下了一首《相见欢》：

　　无言独上西楼，月如钩。寂寞梧桐深院锁清秋。
　　剪不断，理还乱，是离愁。别是一般滋味在心头。

　　词牌名为《相见欢》，咏的却是离别愁，或许是在这样的环境里，李煜知道，自己再也没有什么快乐的日子了，内心的悲怆让快乐变得很珍贵，本想写出一些愉悦的词句，没想到提笔就写出了愁绪万千。

　　真情流露，在离乡后的每一天，都在怆痛中度过，不得开心颜。嘉敏的受辱更是让李煜有如锥心之痛。孤独的人总是默默无语，形单影只地独自一人缓缓登上空空的西楼，抬眼望，只有一弯冷月相伴，那如钩的残月经历了无数次阴晴圆缺，见证了人世间无数次悲欢离合，如今又勾起了李煜的离愁别恨，这满腔无人倾诉的孤寂凄婉，只能都与明月知。

　　俯视庭院，茂密的梧桐叶已被无情的秋风扫荡殆尽，只剩下几片苦苦挣扎的枯黄叶片还在树上随着秋风飘荡瑟缩，李煜不禁生出一股"同是天涯沦落人"的悲怆之感。

　　自己与这枯叶又有何不同呢？命运都被掌握在无情凛冽的秋风手里，连情思愁绪，也要被"锁"于这高墙深院之中。

　　在这片小小的天地里，秋色、离愁、孤寂和愁恨，充盈在庭院的每一个角落里，每一阵刮过的风、飘落的树叶，都承载着李煜的思绪，它们都曾陪着李煜在寂静寒风里，"举杯邀明月，对影成三人"。

多少蓬莱旧事，空回首，烟霭纷纷。

曾经的唯我独尊，日常就是"红日已高三丈透，金炉次第添香兽，红锦地衣随步皱"的荣华富贵，手里攥着"四十年来家国，三千里地山河"的帝王江山。

时过境迁后，帝王已是亡国奴，过去享受的荣华富贵，都已经成为云烟往事。一夕之间，江山易姓的事实还来不及消化，就经受了身份的转变，阅历了人间冷暖、世态炎凉，那剪也剪不断，理也理不清，让人心乱如麻的，是去国离家的愁；是任人践踏的哀；是亡国之苦，缠绕在心头更觉悲伤的哀痛。如今苟延残喘地活着，这一番滋味，苦不堪言。

宋辛弃疾有词《丑奴儿·书博山道中壁》：

少年不识愁滋味，爱上层楼。爱上层楼，为赋新词强说愁。
而今识尽愁滋味，欲说还休。欲说还休，却道天凉好个秋。

少年时代涉世未深，为填新词故作深沉强说愁，而随着年龄的增长阅历加深，生活中喜怒哀乐等各种情感都会收敛，情绪不会外放。过去无愁而硬要说愁，如今却愁到极点而无话可说。将一切心绪包裹收起，当人问起，强撑起笑意，或是无话可说，或是顾左右而言他。

欲说还休，欲说还休，却道天凉好个秋。

李煜是个落魄亡国之主，但即使沦为阶下囚，他依然无法像平常百姓般捶胸顿足号啕大哭，所以他只能无言上西楼，寄情风与月。

可是这"无言"，却也是他沉痛的叫嚣。

悲莫过于无声。

从李煜这样厚重的哀愁中抽离出来，看他的生活，大概也只有这样的生活，才能成就这首词的境界吧，突破了花间词以绮丽腻滑笔调专写"妇人语"的风格。从前的诗词，大多以妇人思念丈夫的哀愁来表达自己内心的情绪，而这首词终于抛开了原有风格，在诗词历史的发展上迈进了一步，也是宋初婉约派词的开山之作。

唐圭璋在《唐宋词简释》中说："此词写别愁，凄惋已极。'无言独上西楼'一句，叙事直起，画出后主愁容。其下两句，画出后主所处之愁境。举头见新月如钩，低头见桐阴深锁俯仰之间，万感萦怀矣。此片写景亦妙，惟其桐阴深黑，新月乃愈显明媚也。下片，因景抒情。换头三句，深刻无匹，使有千丝万缕之离愁，亦未必不可剪，不可理，此言'剪不断，理还乱'，则离愁之纷繁可知。所谓'别是一般滋味'，是无人尝过之滋味，唯有自家领略也。后主以南朝天子，而为北地幽囚；其所受之痛苦，所尝之滋味，自与常人不同，心头所交集者，不知是悔是恨，欲说则无从说起，且亦无人可说，故但云'别是一般滋味'。"

这种"别是一番滋味"，还包括李煜的生活，据《宋史·卷四百七十八·列传第二百三十七》记载："太平兴国二年，煜自言其贫，诏增给月奉，仍赐钱三百万。"

李煜虽然身为亡国之主，但是自小在荣华富贵里长大，人人都宠着，哪怕是当初南唐最困难危急的那段日子，他也不曾大肆削减过吃穿用度，或许是在他的潜意识里，生活本该如此，就应该是这样的，以至于被囚禁后，也并不会让自身的生活受到太大的冲击或是大肆缩减开支。

这不完全怪李煜，李煜的行为让我想到了，晋惠帝执政时期，有一年发生饥荒，百姓没有粮食吃，只能挖草根，食观音土，许多百姓因此活活饿死。消息被迅速报到了皇宫中，晋惠帝坐在高高的皇座上听完了大臣的奏报后，大为不解。晋惠帝很想为他的子民做点事情，经过冥思苦想后终于悟出了一个"解决方案"曰："百姓无粟米充饥，何不食肉糜？"

并非他们在面对国家的危难困苦面前无动于衷，而是对现实没有全面的认知，在成长的年岁里，所接受的一切事物都因为身份以为是理所当然，所以晋惠帝才会说出"何不食肉糜"这样的话，所以李煜才会在百姓穷苦时依旧享乐度日。

但是也不能将李煜自身的原因剔除得一干二净，曾经作为一个国主，如今作为一个成年人，应该有一定的事物认知力了，就像身在宋朝的牢笼，就应该知道生活不会再像从前一样，任性是最没有用的。

有人说他是无奈的，软弱又无奈。

我突然理解了当初李煜肉袒出降时，曹彬让李煜回宫里收拾好行囊准备前往宋朝，李煜回去后，部下问曹彬李煜是否会躲在宫里偷偷寻死，曹彬笑着说不会的，如果他要宁死不降，那早在城破之际就会以身殉国了，哪里会等到现在。

因为软弱，所以既然选择了活下去，就不会轻易死亡，哪怕是将尊严放到任人践踏的地步也要好好活着，这也是另一种对生命负责。

始终抱着巨大的痛苦活在这天地间，此恨无解，此愁无期。

就如《诗经·黍离》所言：

彼黍离离，彼稷之苗。行迈靡靡，中心摇摇。知我者，谓我心忧；不知我者，谓我何求。悠悠苍天！此何人哉？彼黍离离，彼稷之穗。行迈靡靡，中心如醉。知我者，谓我心忧，不知我者，谓我何求。悠悠苍天！此何人哉？彼黍离离，彼稷之实。行迈靡靡，中心如噎。知我者，谓我心忧，不知我者，谓我何求。悠悠苍天！此何人哉？

故国梦重归，觉来双泪垂

世间的流年变化堆叠又交织成万物，总是单薄又寂寥地存在着，遗世独立，却又因为人的行为或思想，与凡尘俗子所发生的事，经历的情感，有着千丝万缕的联系。于是，一朵花的盛开"有三秋桂子，十里荷花"，一年四季的变化有"寒雪梅中尽，春风柳上归"，一天的晨光暮色有"晓月渐沉桥脚底，晨光初照屋梁时"。

万象都被人仔细观察、轻轻描绘，血脉相通，联系着人的感情。

亡国之主李煜，日日背负着这沉重的悲痛，见花草，闻风月，风吹树叶影动有声，这些画面，在李煜眼里都被赋予了悲伤的色彩，哪怕一片树叶的飘落，都会让他思及过去锥心之痛，让他气喘吁吁。

四季的变化于他来说只是衣衫的增减，心早就被冻在那年的冬天，而真正能牵动李煜目光的，是万物每一个细微的变化，那些变化似乎都会勾起李煜心中千万层的悲伤。

多少次暗自泣泪，往事如一张铺天盖地的网，罩住人无处可逃。生活依旧苦不堪言，那些无人陪伴的夜晚，李煜无心安寝，嘉敏的受辱让李煜雪上加霜，过去一切的美好都抵不过如今刻骨铭心的痛苦。看着满园秋色，凋零落尘的花朵，似乎悲伤将身体划开了一个口子，任由愁绪争先恐后地迸发出来，融在这深深的落红秋色里，浓得化不开，贴在李煜的眉眼心口之间。

于是李煜更加忧愁了。

有风吹过，有雨滴落，这些细微的感受都让他战栗起来，原来活在这世上就如同负重前行，只是这背上的行囊，也太重了。李煜曾经笔直的背影，如今已经形销骨立，逐渐伛偻。他感受着自身的变化，愁肠百结，不禁想起故国，现在是不是也和眼前的景色一样呢？或者和自己一样独自苍老，杂草丛生？李煜不得而知，只是泪如雨下，念起了杜甫的名篇《春望》：

国破山河在，城春草木深。

感时花溅泪，恨别鸟惊心。

烽火连三月，家书抵万金。

白头搔更短，浑欲不胜簪。

杜甫目睹了沦陷后的长安萧条零落，身历逆境思家情切，不免感慨万千，长安沦陷，国家破碎，城池也在战火中残破不堪了。也是这片土地，曾经的繁荣都不复存在，放眼山河都是旧景，却平添不少新愁，一切繁华的景象都没有了，连春天万物生长欣欣向荣的景象也不复存在，春天失去了光彩，旧城池留下的只是颓垣残壁，只是"草木深"。

目光所及之处，满目凄然、荒芜破败、人烟稀少、草木杂生，回想起曾经的盛世，只觉得眼前景象触目惊心。

李煜感受着当年杜甫的感受，人很少会有"感同身受"的喜怒哀乐，可是偏偏这首诗里的每一个字，杜甫的每一种悲痛，李煜都懂，甚至有过之而无不及。

他仿佛回到了南国，站在残垣断壁上看着这破碎山河，不禁涕泪四溅，连同鸟鸣都觉得甚为惊心。这离别愁绪缠绕，让李煜青丝成白发，整个心随着江山改姓，也一朝苍老。

这种郁结无法散开，堵在李煜的胸口快要透不过气来，他曾无数次梦回南唐故国神游，醒来时涕泪沾襟，梦与现实的落差已经快要将他吞没，这天差地别的生活让李煜时常欲语还休，不胜悲痛。过去的尊严、荣耀都被埋葬，一切都会随着时间淡忘，唯有记忆永恒，可正是这样的记忆，让李煜时常梦到故人和往事，过去的香甜往事都成了如今的梦魇，时时纠缠着他不得安宁。

回想过往刻骨铭心，心情久久不能平复，双手覆脸，掌心的濡湿提醒着他，过去的一切都不复存在了，如一场梦，一段云烟。

他恨这人生，恨这赵宋，恨天恨地却又无法破口大骂，在这样剧烈悲痛之下，只好伏案提笔，借诗抒发。

《子夜歌》
人生愁恨何能免？销魂独我情何限！故国梦重归，觉来双泪垂。
高楼谁与上？长记秋晴望。往事已成空，还如一梦中。

人生的悲愁怎能免得了？只有我伤心不已悲情无限！

伤心不已悲情无限，无数次梦见自己重回故国，一觉醒来往事成空双泪垂落。独上小楼，远望南北，广袤无垠的天地都未能使之郁结散开。秋日晴空澄澈如洗，可为何偏偏脑海里都是南国的山河，金陵的春花秋月？他泪眼蒙眬，伸出手去仿佛就要触摸到金陵宫墙上的斑驳痕迹，那里的一砖一瓦，似乎都饱含深情地凝望着他，又质问着他，为何一去不复返。

李煜被质问得哑口无言，心如刀割，这样的伤痛每分每秒每日每夜地持续着，该诉与谁人听？

有人说，人之所以会不停地回想往事，沉溺在过去无法自拔，除了因为过去太难忘，就是当下太痛苦。

经年之后，事非昨日事，人非当年人，过去的欢乐和荣华只留在梦中长生不老，着眼当下，两种极端的冲击带给李煜的只能是悲愁无限、哀情不已，除了故国重游的愁思万端心神俱碎，还有现实情境的孤苦无依无可奈何，今昔对比，抚今追昔，反差巨大。

"物是人非事事休，欲语泪先流。"梦中见到故国后感慨万千，话未出口，双眼泪难禁。

人生若梦，岁月无情。

短暂的安稳并不能代表永久的和平，木梁出现蚁穴就意味着注定在某一天会毁于一旦。

李煜回想着过去的每一刻，当时只道是寻常，如今却是一场望不到头的奢望。他多愁善感，他怯懦敏感，终日在这禁院里感叹，身在回忆的漩涡中，就像个丢失了船桨的渔民，在名为"过去"的浩瀚大海上跌宕沉沦。

他大概是这辈子都学不来勾践的深谋和远虑，隐忍和毅力。南唐的覆灭本在意料之中，可也大概正是因为如此，才写得出犹如泣血的诗词，才被称作做风流才子、词中帝王。

站在亭台远望，暮色四合，礼贤宅的仆人们从来不会来打扰他，李煜闭上眼睛久久不曾动作，嘉敏被传唤进宫，不知何时归，想到此心中仿佛生出一根刺，扎在心口椎心泣血。

回到书房，李煜写下了一首词：

《相见欢》
林花谢了春红，太匆匆。无奈朝来寒雨晚来风。
胭脂泪，相留醉，几时重。自是人生长恨水长东。

树林间的红花已经凋谢，花开一季落一年，匆忙之间才发现，这一年已经过去大半。

夜里几多风雨，梦里几多风雨，抵挡不住的悲痛来袭。李煜从害怕白天的怅然若失，到抗拒夜晚的无限沉沦，时间过得太慢了，时常细数着屋檐的落雨或是凋落的树叶来挨过这些难熬的日夜。

人生从来都不会朝着自己想要的方向一帆风顺地走下去，痛苦的、悲伤的、怨恨的事情太多了，就像那东逝的江水，不休不止、永无尽头。

禁苑中的生活将李煜硬生生逼成了和自己对话的孤独者，对于过去有着疯狂的怀念，一遍遍地回想着过去来打发这难熬的时间，却又一遍遍被过去刺得遍体鳞伤。

人生长恨水长东。

凄凄惨惨又过了一年，时间推移，李煜梦回故国的次数不减，每每梦中哭泣醒来，看着礼贤宅熟悉的江南景色，李煜只觉得那是一双双眼睛，居高临下地看着他，眼神凌厉如刀，刀刀剜人心。

在这样巨大的精神压力之下，李煜的生活犹如一团乱麻。他偶尔看书，逼迫自己进入书的世界里卸下压力，但这也只是暂时的缓解，宋史记载："太宗尝幸崇文院观书，召煜及刘鋹，令纵观，谓煜曰：'闻卿在江南好读书，此简策多卿之旧物，归朝来颇读书否？'煜顿首谢。"

赵光义将李煜的旧藏书又赐予他翻阅，这无疑是将李煜打入了更深的痛苦之中。看着那些熟悉的书籍，上面还留着曾经的注释和笔记，如今那一笔一画都像是有了生命一般钻进李煜的脑海里"大闹天宫"。李煜放下书，内心戚戚然，他甚至怀疑，这一切都不过是赵光义戏弄他的把戏，他痛苦，他挣扎，他无可奈何。

偶尔赵光义还会召见李煜询问他生活方面的问题，李煜都毕恭毕敬地一带而过，他的生活如今已经没什么好谈的，他在宋朝的日子既难熬又痛苦，不及南唐的万分之一。可是这些话他都不能说，他只能口是心非地说好，然后感激万分地对着赵光义叩谢，早已没有了当初刚入宋朝时对赵光义行礼的屈辱感，也许是麻木了，又或者是他从未感到过屈辱，只是不甘心。

李煜自己也说不清，他也不想知道答案。

头碰到冰凉的地面，然后抬起，起身的那一瞬间他忽然想起，自己读了这么多本圣贤书，可从来没有哪一个圣人在书里告诉他，这亡国之主该怎样如履薄冰地活下去。

大概圣人都是不曾失败过的吧。

按部就班地做完这一套礼仪，李煜像行尸走肉般又被带回禁院。

一路上，看着皇城道路两边的热闹场景，李煜的心一点点收紧，如今的金陵又是什么样的光景呢？

他想起一首诗来，曾经是后蜀朝堂上，与欧阳炯、韩琮、阎选、毛文锡等，俱以工小词供奉后主孟昶的"五鬼"之一——鹿虔扆，在前蜀亡国后作出的一首《临江仙》：

金锁重门荒苑静，绮窗愁对秋空。

翠华一去寂无踪。

玉楼歌吹，声断已随风。

烟月不知人事改，夜阑还照深宫。

藕花相向野塘中。

暗伤亡国，清露泣香红。

如今金陵的皇宫也是这样吧？一道道宫门层层紧锁，小院寂静荒凉。在同样的秋天里，我在这世间的另一片土地上想念着那里。

宫殿里曾经的彻夜歌舞，连宫墙也挡不住的歌声，现在也人去楼空了，乐府里曾日夜不停地奏歌声，也早已随风而逝了，剩下了什么呢？

若是旧楼的砖瓦会说话，是否也会思念过去的一切？像我一样，吟咏出悲苦的离别之歌？

小苑的旧楼台都爬满了青苔吧？再也不会有人去看望打扫了，曾经的宫娥们是否有活下来的呢？是否也和我同样在某个角落里偷偷思念着，云雾笼罩的月亮，不知世事变化，依旧照耀着深宫。在荒废的池塘中，朵朵莲花相对开放，滴滴清露滑落，就像一切不曾发生。

每每念起这首词，李煜总是禁不住泪沾衣裳，词中的故国情思让李煜这位亡国之主感慨不已，产生了强烈的共鸣。乱世之中朝代更迭频繁，前蜀被后唐所灭，后蜀被宋所灭，世事无常，当年灭掉蜀国的南唐，也已经被宋朝吞并。

一句"烟月不知人事改"道出了多少辛酸泪。日月不知，风不知，影依旧相随，它们都像是不曾听说过，一如既往地升起落下，静止或消失，不曾垂泪，也不曾悲伤，像个不近人情的冷血旁观者，一边经历着，一边置身事外。

但是人都是知道的，亲历了国家的覆亡，如何能轻易忘记？他们不只记得当初亡国之际的一切，那天的天气、那天的风、那天的人，他们都还记得，不能忘不敢忘。

但是同时他们也记得，故国盛日，万人敬仰朝拜的盛况，宫中声色不绝于耳的盛况，然而转瞬之间，这一切都犹如一场梦，一阵轻风，寻得着来处却不知去向何方。

荒凉的旧苑、寂静的宫门，安静的空气里似乎在回放着当年的光景。当年溅过血的宫墙，听过乐府奏歌，听过宫人请安，也看过刀光剑影，看过尸横遍野。宫门上那斑驳的痕迹，是树的年轮，光影交错，它们都是无声的旁观者，用斑驳和灰尘来宣示自己的厚重，见者徒增悲情。

曾经一起登高远望的人也下落不明、生死未卜，时光就是这样无情无义地存在，不与任何人交谈来往，不为任何事停留，一往无前。

同来望月人何处？风景依稀似去年。

就是在这样沉痛的环境下，李煜煎熬着度过一天又一天。对于人生，他似乎也看透了，昨日一国之君，今日阶下之囚。那些鲜活的、仅存在他记忆里的欢歌笑语，都转而变成了今夜"烛残漏断"，曾经案边的添香红袖，如今已也香消玉殒。

断弦有谁听？

昨夜里风雨交加，遮窗的帐子被秋风吹出飒飒的声响，窗外雨声滴滴答答落了一夜，本就夜不能寐，如此更是无心睡眠。

靠着枕头坐在床上，李煜环顾四周，蜡烛燃烧得所剩无几，在一室的静谧里，李煜努力克制住自己想要回忆过去的想法，起身坐在桌边，手指随着雨滴落的节奏轻碰桌面，发出"哒哒哒"的声音，壶中水已漏尽，口干舌燥下，心中更加烦躁焦虑，他似乎也已经习惯了，这样将一颗心泡在不安与悲痛当中，日复一日，日复一日。

他现在的话渐渐少了，更多的是以词表意。看着天光即将大亮，李煜靠在床边心绪逐渐平静，窗外的风雨也已经停歇，庭院里的小池塘水位一定又上涨了不少，李煜想着。门外有仆人起床后匆忙行走的声音，有打水声，还有压低音量嬉笑的声音，那笑声在李煜耳里听来尤为悦耳，他已经不记得有多久不曾这样放松地笑过了，若是有来生，哪怕是做个心思单纯的奴仆，他也是愿意的，总比如今日日哀愁要好得多。

春潮带雨晚来急，李煜数着日子一天天地过去，时常在独自寂寞时与诗词相伴，面对着这一眼就能望到头的人生。偶尔会进宫参加一些宴会，他也总是默默地坐在位子上一言不发，看着园子里的风景，官员们对他从先前的好奇也到如今的视为空气。

就是这样一个与周遭格格不入的忧郁公子，安静地坐在那里，自成一副月朗风清的画。

在这满园的喧闹里，大家都忙着见礼，拱手作揖、嬉笑怒骂，偌大的皇宫仿佛上演着一场舞台剧。可是这一切落在李煜的眼里却像是一场无声的默剧，全世界都安静着，只听得到自己的呼吸声，仿佛自己是个遗世独立的存在。眉眼间的哀愁大约是从生下来就带着的胎记，在这个需要戴着面具与大家虚与委蛇的地方，他的身份本就尴尬，放空下来他也感到茫然，不知该思索些什么，脑子里总会浮现一些过去的回忆，让本就抑郁的心情雪上加霜，于是只好一杯又一杯地独酌，仿佛是想将那些不愿想起的人事物全都混着酒吞进五脏六腑。

他静静地思索着，这周遭的一切，树、花、风、人，都成了背景，像是为了衬托李煜而存在，在这一刻，一切都显得黯淡无光，这万丈月光红尘滚滚。李煜像是回到了从前，依旧还是那个从某个乌衣巷子里出来一般衣袂飘飘的无双少年，温良端方，公子如玉，一张口便是"剪不断，理还乱，是离愁。"

可是谁又能知道李煜曾经作为一个翩翩公子、忧郁国主，所有骄矜都被时间捶打割裂，随着宋朝刺骨的风而消散。耳畔除了觥筹交错，还有那些宋朝朝臣们的窃窃私语，国事、家事。那些对李煜来说曾经近在咫尺的事情和话题，如今都越来越远，和他从此风马牛不相及。

从宫宴上告退出来的李煜，周围还有赵光义的亲信，一直随着他出宫。

身后似乎还能听到宴会上助兴的音乐、倒酒的声音、舞蹈的动作，忽然一下子都充斥在了李煜的耳中、眼里，歌舞声震耳欲聋似乎要刺破耳膜，几乎燃尽的红烛一下子变得耀眼夺目，比之夜明珠也无不及。这些对李煜来说熟记于心的画面突然又倏地一下消散静默，像一切不曾发生过。李煜看着周围的静谧暗夜，眼眶忽然红了，掉下了几滴眼泪，周围的人都不曾发现，于是他无所顾忌地压抑着声音静静抽泣。

在这安静的道路上，偶尔还有风拂面，风干了他的泪水，催促着他快走，快走，别回头，也回不了头了。

月光下，夹杂着一些莫名的情愫，身后似乎有个吴侬软语般的声音在琵琶的伴奏下哼着江南小调，李煜浑身一怔，听得不太真切，又疑是自己的臆想，他果真没有回头，走了好远一段路，身后似乎还能听见那段歌谣。

"江南可采莲，莲叶何田田，鱼戏莲叶间。鱼戏莲叶东，鱼戏莲叶西。鱼戏莲叶南，鱼戏莲叶北……"

问君几多愁，一江水东流

大概李煜最合适的定位，便是风流才子，依附在花前月下，离开了风花雪月的故事，他也就死了。他作为国主是死板的，他作为阶下囚是行尸走肉般的，他只有在娥皇和嘉敏陪伴的时刻，整个人才变得鲜活生动起来。无论年岁成长，面对她们，李煜都像个十七八岁的少年，浑身有着使不完的力气，活在爱情里，活在当下，"劝君今夜须沉醉，尊前莫话明朝事。"

他在政治上表现平平，却在情爱之事上显得尤为棋高一着，愿意绞尽脑汁将一颗剔透心捧给爱人看，整个人像是为了缠绵悱恻的爱情而活，只有在遇见爱情时才会感到自己是个活生生的人，血液和心脏都在蓬勃地生长，靠着爱情的滋养，醉生梦死。

可偏偏风流才子误作人主。

李煜已经过了不惑之年，虽没有参透佛法，却也看透了佛家八苦，如今一生已经过去大半。在人生这场戏里，多想就停留在最美好的阶段，跳过烦闷转折，略过茫茫威胁，只演绎才子佳人的故事，将这如戏一生最精华的一段，仔细地活一遍也就够了。

又或者是，将这一生中最璀璨生辉流光溢彩的时刻统统轻轻地摘下，小心翼翼地保存，让时光风干，储存到来世，再拿出来放在血液里浸泡，充实那些片段的脉络，使之饱满，然后就靠着这些美好的事情生活，诗酒趁年华，让这一生都长成想要的模样，太平安康、丰衣足食、闲云野鹤。

可是这世间哪有什么来世，大家都只图今生的肆意快活，今生盼来世，来世忘却今生。今生所有的努力都不过是为了一段记忆，再续前缘或是不忘旧恨。可是人死如灯灭，下一辈子，你为人为草木为畜生为飞禽，却都不掺杂任何前世喜悲，爱情得不到延续，仇恨得不到抒发，恩情也无法报答。都忘了，随着一阖眼，一倒下，一切恩怨情仇都如云雾散尽、水迹蒸发，一干二净。

"忘"这个字真好，它跟"死"字一样，发生了就等于干干净净孑然一身。你愁肠百转恩怨难断，或是爱而不得因爱生恨，又或是痛苦不堪怨恨丛生，只要忘记了，那么这件事就像"死"了一样不曾发生过，过去哪怕多悲惨、多难忘，只要忘记了，就是新生，面前都是一条康庄大道。

李煜想到这里，第一次在心里直面了死亡，也第一次觉得，死去比活着快活多了，他终于有了死去的勇气，却没有了忘掉过去的执念。

新生固然好，可是他有太多的美好回忆，像金子一般在心里熠熠生辉，连同他的软弱。

他想着"人生"二字思索了良久，都说人生如戏，戏一开场就如箭已开弓，没有商量、没有回头路、没有选择。人世间的事情，如同流水东逝，说过去就过去了，想一想这一生，就像做了一场大梦，以前的荣华富贵已一去不复返了。已经过去的前半生也都风流云散了，活在记忆里的，有哭有笑，又痛又享受。

世事漫随流水，算来一梦浮生。

这寄人篱下的日子不好受，这国亡家散的滋味也不好受。李煜从不怕一个人的生活，但他害怕一个人面对过去，在痛苦的享受里逐渐迷失，在过去的安逸里沉溺死亡，这种痛苦却又无人能开解，只能一日游一日地消磨在回忆里。

时间流走，冬去春来，看着禁院里芳草回春，李煜坐在床边写下一首词：

风回小院庭芜绿，柳眼春相续。凭阑半日独无言，依旧竹声新月似当年。

笙歌未散尊前在，池面冰初解。烛明香暗画堂深，满鬓青霜残雪思难任。

这首《虞美人》周汝昌评之曰："沉痛而味厚，殊耐咀含。学文者细玩之，可以识多途，体深意，而不徒为叫嚣浮化之词所动。"

有人称这首《虞美人》是后主绝命词第二首，是与不是，已无从考证。

但可以确定的是，李煜的心绪，已经快要被压垮了。

看着禁院的景色，春风兜了一大圈终于回到北方来了，可是这一生，青春去了还会回来吗？庭院中万物复苏，杂草变绿了，柳树生嫩叶，一切都在欣欣向荣地朝着好的方向发展，有希望地活着，哪怕一年冬死，又一年春生，总会有轮回的机会继续来到人间。

在这个生意盎然的小天地里，唯独只有自己在一步步地走向衰老，走向冬季，没有退路，没有来生。李煜思及此，内心更加落寞，独自倚靠着栏杆半天没有说话。

耳边还有吹箫之声，眼前是刚刚升起的月亮，一切都像往年一样，不会为什么事情停顿驻足，时间依旧向前奔涌，那首乐曲也还未演奏完，酒宴依旧正在进行，水池冰面初开裂。

夜深了，屋子里没有点烛，李煜享受着这样的黑暗，任思绪天马行空地穿梭，看着台阶边的小草绿意渐盛，他笑了笑，有希望的感觉，真好。

可是连一根不起眼的草都有着无限生机，有着冬死春生的机会，自己却只能在这条黑暗的路上一去不复返。于是那一点点升起的生机在现实的痛苦中又被消灭了。

历史上，大概昏君和明君一样少，而最多的，是碌碌无为的庸君。

昏君，听信谗言，偏信奸佞小人只听得进好话，逆耳忠言对于他们来说就是苦口毒药，并且伴随着一意孤行的残暴。他们都活得很逍遥自在，花天酒地、寻欢作乐是最基本的配置，甚至将自我的快乐强加在国民的痛苦之上，还仍然津津有味。

明君贤明，知人善用，懂得良药苦口、忠言逆耳，文臣武将并无偏袒，平衡朝堂。

这碌碌无为的庸君，是浑浑噩噩，时常没有主见，没有建功立业，也没有嗜血而活，虽与昏君之间仅隔着一线，但也就是这一线的清明，挡住了许许多多的奸佞之臣、自私小人的谗言。他有着自己的底线，虽然这个底线并不坚定，偶尔任性，却总没酿成灾祸，关键时刻也能独当一面。

而李煜，恰巧就是那庸君，他没有高深谋略，不是个好的军事家与政治家，可他是个有底线的善良的人，理智尚存、良知未泯。显然，在庸君的这个道路上，李煜做得相对来说还算不错，曾是十国中最强大的后唐到中宗时已经衰落，李煜受命于危难之间，他深知国家危境，不得已臣服宋朝。赵匡胤这个人的野心足以吞并山河，统一华夏的目的谁也不能阻拦，一切的发生似乎都是大势所趋。或许曾有那么一线生机可以抵挡住宋朝的铁蹄，可惜上天不怜，那阵北风吹走了南唐的最后希望。

他该去怪谁呢？

生不逢时，时运不济。

李煜的存在，就像是乱世里一场华丽的春光盛宴，又有着一股遗世独立的姿态。世间万物来人间走一遭，只偏偏李煜，从不得命运垂青，总是孤独地行走着。

那样一个站在人群里总是清瘦的、眉眼之间都带着哀愁的、一眼就能望见的少年郎，总是与这个世间格格不入，就这么孤独也显眼地活着。似乎很少有人能走进他的内心世界，总是在窗扉外徘徊着，看见烛光剪影，就以为读懂看透了他整个人。

事实上，李煜不过是活得太率真，喜怒哀乐都能在眼睛和语言里发现。这样的人往往是心无城府的，是单纯也是愚蠢。他应该知道，他的一生里，不可以只有清风明月、春去秋来，而更多的是忧国忧民、伤时感事。

单纯澄澈的眼神，快乐便是大笑，痛苦便是恸哭，悲伤便是静坐沉思。或许从李煜本身来说，他本该是一个大户人家的教书先生，文人风骨不曲不折，用诗词充实自己整个人生的重要瞬间，两耳不闻窗外事，一心只读圣贤书；又或者是乌衣巷子里王亲贵胄家得宠的小儿子，鲜衣怒马少年时，娶个同样珠环翠绕门当户对的妻子，一生顺遂无病无灾。

他见青山多妩媚，料青山见他应如是。

可是偏偏天不遂人愿，似乎捉弄这些凡夫俗子是上天最大的爱好，南辕北辙、分道扬镳、背道而驰，这些都是命运的捉弄。

命运无情无义，也无理取闹。

作为那些被捉弄的凡夫俗子之一，李煜在宋朝的每一天，都犹如踩在刀刃上，内心的伤口日复一日地被撒满了厚厚的盐，已经快痛到麻木了。

他在这样情绪下所做的每一首词，都是悲痛消极的。

那些诗词不胫而走，传播开来，在宋朝的宫里，关于李煜的事都事无巨细地被写成奏折呈在了赵光义的案前。

他思念故国江山，他"故国梦重归，觉来双泪垂。"他"多少恨，昨夜梦魂中。"他"还似旧时游上苑，车如流水马如龙，花月正春风。"那些"别是一番滋味在心头"在赵光义看来，无异于在告诉他，李煜无论如何都意难平。

赵光义是一国之君，他对待俘虏的仁慈大度，都是做给世人看的。而对李煜某些方面的法外开恩，是基于对李煜才情的尊重。

李煜的才情，足以使人折服。

　　可这并不代表李煜就可以依仗这份才情百无禁忌。

　　站在赵光义的角度上，李煜每天的伤春悲秋，都是在叫嚣不满，可是宋朝对他已经仁至义尽了。这一座礼贤宅，当年花费了多少民力财力？一个降王，这样的待遇，已经是比很多达官贵人都要大得多。李煜既然亡了国成了阶下囚，他就应该有一个阶下囚该有的态度和样子，宋朝对他礼遇有加，他却得寸进尺地还在对故国念念不忘。

　　难道是想要造反？

　　思来想去，赵光义得到这个结论时也被吓了一跳，他内心知道，南唐复国绝无可能，而李煜的诗词以及他每日的行为，却使赵光义如鲠在喉，任何一个国家的君王都不会允许有任何反动思想的苗头出现。

　　随后，赵光义想出一个方法来试探李煜。

　　赵光义想让徐铉这个南唐旧臣前去试探李煜一番。

　　徐铉作为一个亡国之臣又在宋朝为官，他的身份本就尴尬，总会被有心人盯着。对于赵光义下达的这个命令，他很惶恐，他知道，与李煜过于亲近了，会被人怀疑有二心，太过疏远又会被人诟病忘主不念旧情。

　　可是这么多年的君臣情谊岂会轻易断了，他也同样对这个当年对自己有知遇之恩的旧主惦念有加，只是碍于身份无法见面。

　　得赵光义御令后，不日，徐铉便赶往礼贤宅。

　　当时的礼贤宅里，李煜一身素衣，在阁楼上席地而坐，神色晦暗不明，闭着眼，靠在一旁的栏杆上，身边矮几上放着一壶清茶，乍一看，这画面，像极了一位富贵闲人正闻香品茗。

　　很快，下人传报徐铉来见。李煜睁眼，一脸的不可思议，没想到今时今日，还能见到南唐旧臣，李煜起身宣见，步子有些慌乱，那如古井般幽暗沉寂的心，忽然起了涟漪。

像是一阵几年前从南国刮来的风，与今天的李煜不期而遇。

面对着熟悉的脸，两人不禁老泪纵横。

恍如隔世。

徐铉看着曾经的一国之主如此境遇，内心唏嘘不已，上前欲行礼，被李煜打断，如今李煜已经是个降王，哪有受人大礼的说法，如此岂不是僭越？

坐定后，李煜张了张口，似乎有千言万语却都被堵在了喉咙，不知该从何说起。如今二人身份已然不同，他自然是理解徐铉的，良禽择木而栖，只是这样的身份，在重聚的激动和感慨里，似乎又多了一层说不清道不明的疏离，李煜还是控制不住地向徐铉说着，说对南唐的懊悔，对错杀忠良的自责。

"当初我错杀潘佑、李平，悔之不已！"

可惜这一切徐铉都无法品头论足，无法和李煜一起唏嘘一番，他终究是一言不发地听着李煜的话，压下了内心的良多感慨。

如今他已经是大宋朝的官员，食君之禄，忠君之事。他得了赵光义的俸禄，自然是不敢有二心。

接下来的时间，二人相顾无言，李煜知道，也理解，他只是孤寂太久了，想找个人发泄倾诉一番。似乎南唐旧臣这样的身份让李煜更加有倾诉的欲望，他恨不得将心里所有的不甘和懊悔都说给徐铉，仿佛徐铉是一个载体，说给他听，就如同和过去的南唐对话。

于是就在二人心思各异，欲言又止的状况下，这场会面匆忙结束，无奈而散。

这次会面徐铉原原本本地对赵光义复述了一遍，赵光义对于李煜的各种心绪怒不可遏，认定李煜是有了不臣之心，对赵宋怀恨在心。赵光义杀心渐起，当即决定要对李煜加强监督，吩咐下来，日后有任何不当言论要立即上禀。

何为不当言论？既然在心里种下了怀疑的种子，那么言行都会被有色看待，且百口莫辩。

在这样的当口，李煜对于危险临近而不自知，依旧整日在禁院里伤心，他并不思索这背后的利害关系，依旧如往常一样。又或者是他知道，他也无能为力，倒不如顺其自然，如此最好。

自从那次匆匆与徐铉会面后，让李煜心绪在过后的长久时间里都一直波澜不断。在李煜眼里，徐铉并不只代表南唐旧臣而已，还代表了南唐，代表了过去，代表了那些许许多多沉溺享乐的日子。又或者说，他与娥皇一样，在李煜的心里，潜意识地将他们都贴上了代表"过去的快乐"的标签。

低头看了看眼下，自己还在这泥塘里无法挣扎，李煜突然感到很累，像是被人抽去了骨头，一下子再也不能承受任何压力，瘫软在地上。

公元 978 年，已经入夏，转眼又是李煜的生辰，南唐旧人们赶来齐聚一堂，为李煜拜寿，还是和从前一样的红烛，还是那些熟悉的旧人，还是这样浪漫的日子，李煜强颜欢笑。大家内心都知道，不一样了，什么都看似一样却什么都不同，千差万别。李煜信步走到室外，看着天上的明月，自斟自饮了一杯，又斟满一杯，似是在敬明月，双手作揖举过头顶，而后，又将这杯盛满明月清辉的苦酒倒入大地。

室内的宴会还在继续，丝竹声声悦耳，还有身姿婀娜的舞者正随乐而动，月还是那轮月，人还是那些人，连奏乐都还像曾经一样动听，可是李煜却在这一片繁荣的景象下，弥漫着浓浓的凄茫。

还有些礼贤宅的下人们正在悄悄地谈论着乞巧节的事，李煜听见了，也不作声。下人们羡慕主人什么事也不用做就有花不完的俸禄，而李煜也在羡慕他们有希望地活着，只有李煜，是在抱着绝望，一步一步地泯入黑暗。

月色朦胧，伴着清风吹拂，太多的痛苦无法化解，这样的时光也不知如何才能有个了结，往事历历在目，可是真正刻骨铭心的人又有多少？

李煜就在这轮"旧时月"下站着，回想起往事，昨夜的小楼里东风阵阵，风里混着草木的味道，一瞬间思绪又被拉回了南国，在这样的月色里，故国神游也伴随着锥心之痛。

物是人非事事休，欲语泪先流。

精雕细刻的栏杆、玉石台阶应该都还在吧？只是随着朝代的更迭，已经无人前去看望了，那些活在记忆里的人们啊，都已经满面尘霜，被厚重的历史与现实压弯了脊背。

在记忆中的风花雪月里，那些容颜似乎又从黑白变得鲜活，似是不曾离开。李煜的眼角酸涩，酒入愁肠，化作相思泪，滚烫的眼泪顺着脸颊落下，心中藏着的哀愁，就像这滚滚东流、不尽的滔滔春水。他抬手擦拭着眼眶，心中突然涌起毁天灭地的凄凉和苍茫之感，久久不能平复。

于是命人取来笔墨，一首《虞美人》一气呵成：

春花秋月何时了？往事知多少。小楼昨夜又东风，故国不堪回首月明中。

雕栏玉砌应犹在，只是朱颜改。问君能有几多愁？恰似一江春水向东流。

李煜大概想不到，这首有感而发的《虞美人》竟然成了一首"催命词"。

陈廷焯《云韶集》描写此诗："一声恸歌，如闻哀猿，呜咽缠绵，满纸血泪。"而这样的"亡国之音"，传入赵光义耳里后，他面色一变，手里的水杯被用力掷向地面发出一声清脆的响声，然后四分五裂。

"陇西郡公，不臣之心该杀之！"

于是一场毒杀行动在赵光义的脑海里成型，他宣来赵廷美以贺寿为名给李煜送去了一瓶酒，酒中含有牵机之毒，据说是专为李煜而制之毒。赵廷美受赵光义的欺骗，并不知这酒有何异样。

七夕之夜，丝竹悦耳，酒过微醺之时，李煜嘴角含笑，眼神澄明如同幼儿，接过御赐之酒，不疑有他便一饮而下。

李煜倒在地上痛苦挣扎的时候，脸上已经分不清是汗还是泪，他听不见身后的惊叫声，也听不见礼贤宅外的喧闹声，他看见禁院的小湖上还有下人们放的河灯，他只能听见自己胸腔里那震耳欲聋的心跳声。

"砰砰砰！"

如催命符，声声入耳，惊心动魄。

他在自己粗重的呼吸声里，看见了远处的一点光亮，看见了金陵城，看见了瑶光殿的梅花林，还看见了那条春江，突然，平静的江面开始变得湍急，朝他奔涌而来，漫过这座禁院，漫过他的眼窝。

他沉溺，下坠。有风刮过，身体开始变轻，过往的一切，都被长江水浸湿，然后消散。

他又哭又笑，闭上了眼睛。

《宋史·卷四百七十八 列传第二百三十七》记载："三年七月，卒，年四十二。废朝三日，赠太师，追封吴王。"

大概所有的南唐旧人都不会忘记那一晚，是比国破之日更加刻骨铭心的一晚。

多年后礼贤宅旧人说起那一天，七夕七夕，月朗风清，如墨般漆黑的天空还零星点缀着几颗星星，一切都和四十多年前的那个七夕夜相差无几。

明月出天山，苍茫云海间。

浮生若梦之，为欢有几何

世人总是看见表象就以为是事实。寻着李煜这一生的脉络，我们总能从不同的角度发现，这样一个亡国之主，他的愁都是有迹可循的。站在南唐的断壁残垣上回望，亡国是历史的推动，也是时代的变化里无法躲避的。

我曾经因为李煜的软弱、懦弱以及任性而认为他无能。被囚于宋朝后每日以泪洗面，面对妻子被辱毫无作为，更是让我将他看扁，认为他没尽到一个国主的责任，更没做到一个好丈夫该做的。

在古龙的一本小说里有这样一段话："往事如烟，旧梦难寻。失去的已经失去了，做错的已经做错了，一个人已经应该从其中得到教训，又何必再去想？再想又有什么用呢？这句话很对。但说这话的人一定是穿得暖暖的、吃得饱饱的、喝着好好的，从小就生活在太平里的人说出来的。这种人当然会觉得'往事如烟，旧梦难寻'，因为他所经历过的通常都是小小的不如意，小小的挫折，小小的感情插曲。所以他们才会觉得失去的已经失去了，做错的已做错了，再想又有什么用？什么叫回忆？什么叫往事？什么叫刻骨铭心？你曾经谱过一段令你刻骨铭心的恋曲吗？你是否经历过一段生不如死，今天过了，明天在哪里都不知道的日子吗？如果你曾有过这些经历，那么你一定知道往事是否可以说失去就让它失去了。"

后人站在旁观者与外人的角度，是无论如何也无法和一个毫无干系的人有哪怕千分之一的感同身受。如何能用现有的人生观价值观来评价一个生活在和如今截然不同的生活环境里的人，更何况，我还从未体会过和他有哪怕十分之一相似的经历。

李煜承受着所有乌云罩顶的命运，过着寄人篱下的生活，他不发一言，沉浸在痛苦之中，没有哭天抢地的丑态，只是静坐思过往，将所有的痛苦与不公都糅杂到词句中，声声泣泪、字字诛心。

这世上没有一个人能体会李煜的痛苦，大家都只能站在凡夫俗子的角度以己度人，于是李煜的个人感情，被片面地揣测、展现。

读完李煜的诗词，就如同过完李煜的一生，体会他的命运多舛、他的深情、他的懦弱；他的一生，都被糅到了词中。

他一回眸，这遍野山色都失了颜色，天地山河、皓月星空，都自他的口中生愁，天色阴霾山河黯淡，月隐星沉。世上的凡夫俗子都在听他的独自呓语，抓人心魄、动人心弦，一切的情感都在他张口之时堆叠交织，他的一首词就像一阵狂风，将未关紧的窗扉沉重敲打，将所有的情感与你赤诚相待。

于是狂风起，眼迷离，泪婆娑。

李煜像个长不大的孩子，坦诚如赤子，从不会隐藏自己的心思。他没有什么野心，大多的情绪都是些难以抒发的苦闷，做什么事总是要追寻想要的快乐，被囚已经是他这一生里最不快乐的事，被囚的时光，也是他最不快乐的日子，夜夜梦魇、几度抑郁。

据说李煜在很久以前曾经过做一个梦，梦到了诗仙李白的《春夜宴从弟桃花园序》：

夫天地者，万物之逆旅也；光阴者，百代之过客也。而浮生若梦，为欢几何？古人秉烛夜游，良有以也。况阳春召我以烟景，大块假我以文章。会桃花之芳园，序天伦之乐事。群季俊秀，皆为惠连。吾人咏歌，独惭康乐。幽赏未已，高谈转清。开琼筵以坐花，飞羽觞而醉月。不有佳咏，何伸雅怀？如诗不成，罚依金谷酒数。

天地是万物的客舍，时间是古往今来的过客，生命短促，世事不定，如同一番梦境，得到的欢乐，能有多少呢？古人夜间执着蜡烛游玩，实在是有道理啊。况且春天用艳丽景色召唤我，大地赐我以绚丽的文采，相聚在桃花飘香的花园中，畅叙兄弟间快乐的往事。

大概李煜是体会到这首诗的精髓所在了，"浮生若梦，为欢几何？"人生在世，不过是在这浮华人世间匆忙走一遭，或风尘仆仆，或悠然自得。都说一百个人有一百种活法，无论活得怎样，获得什么，不过都是为了心中的欢乐，不过都是揣着世俗的想法追随内心的欲望，何不潇洒走一回？

可是他到底还是没能"潇洒走一回"，就走了。

只留下了许许多多的感慨遂深的"士大夫之词"。他这一生，总是"心愿与身违"。面对大厦将倾的江山，李煜只能独自前行，他也害怕，有着如同稚子般对陌生事物的惶恐，他本想做一名隐士，他的诗中"临风谁更飘香屑，醉拍阑杆情味切。归时休放烛花红，待踏马蹄清夜月。"每一句无一不透露出他想要像一个洒脱的、自由自在的文人一样，在浅浅月色中踏马放歌。清风着人醉，琴声缓缓和，这一切曾在他脑海里想象了无数遍的画面就是他的梦想，像一个真正自由的浪人一般，去品味、去感受闲云野鹤，自在逍遥，去追求怡然自在的生活真谛。

李煜像是被生生劈开，幻化成两个截然不同的灵魂，一个竭尽全力去迎合宋朝的欲望，举国之财力向宋朝纳贡，以图苟且。而对待南唐的各个问题，潜意识里依旧是逃避，于是大崇佛教，躲在青灯古佛里以求佛祖庇佑。

另一个灵魂似乎活得更加肆意，没有拘束地跳跃舒展，掌控他的七情六欲，在朗朗清风下惬意地展露多情和喜怒哀乐，用一个诗人、风流才子的柔软心脏和丰富想象，倾吐细腻的情感，通身都透露着愉悦，营造风花雪月的宫廷生活。

李煜一生的道路，布满荆棘又漫长，哪怕踏过千山历尽千帆，也终是没能众望所归地成长为一位胸腔坚硬、不惧碾压的谋略家、政治家。他被南唐细软的风吹酥了骨头、吹软了耳根，南唐特有明媚与哀伤都深深扎根在他的骨血里。终于，兵临城下，金陵大破。而这就像一个早就安排好的结局，从那双重瞳开始，从那首《渔父》开始。

李煜到底不是项羽，做不来乌江自刎，更不是勾践，忍不了卧薪尝胆，他只是李煜，这个名字代表诗词风月、命运多舛却内心柔软。

李煜，煜：日以煜乎昼，月以煜乎夜。——《太玄·元告》

一杯毒酒结束了李煜的一生，却给了他想要的绝对自由，似乎越灿烂的存在越短暂。李煜的一生不算长，但在诗词历史上绽放的璀璨烟火，却是一场经久不衰的狂欢，也是一场哀哀欲绝的阵痛，留下一轮空洞的月光，再无人写他"晓月坠，宿云微"，也再无人感叹"故国不堪回首月明中。"

有人说："在中国的政治史上少了一个叫李煜的小国皇帝或许对历史没什么影响，但真的很难想象，要是少了一个叫李煜的词人，中国的文学史将会是怎样。"

从他的《玉楼春》到《虞美人》，从温庭筠到李煜，从描写宫廷生活和男女情爱，绮丽缠绵辞藻华美之风，到直抒胸臆的豪放，李煜开创了豪放词派倾诉身世家国的先河，扩大了词的表现题材，摆脱了花间词的传统风格，让情爱绮丽的闺房小调变成了姿态万千的天下大观。

南开大学中华古典文化研究所所长叶嘉莹评价李煜之词："凭栏无限旧江山，叹息东流水不还。小令能传家国恨，不教词境囿《花间》。"

李煜一生都没有能够肆意地活着，作为国主的痛苦却成全了他的诗词，让他达到了前所未有的高度。

可是他知道，生活依旧是无法改变的，痛苦还是痛苦，悲伤还是悲伤，诗词无法将他拉出这个漩涡，只能排遣一二。似乎是看得太透彻了，所以写出来的诗词总是那么透骨抓心。每一个夜里都是爱恨交织着的，拥着罗织的锦被受不住五更时的冷寒，梦到过去的美好而醒来的落差感排山倒海，也会在梦中忘掉身是"人间惆怅客"，享受这片时的欢娱。

《浪淘沙》

帘外雨潺潺，春意阑珊。罗衾不耐五更寒。梦里不知身是客，一晌
贪欢。

独自莫凭栏，无限江山，别时容易见时难。流水落花春去也，天上
人间。

离别总是容易的，再相见却遥遥无期。像流失的江水、凋落的红花，
跟春天一起远去，还有整个人生最酒酣春浓的时刻。今昔对比，一是天上
一是人间。

细细想来，水和花会有再春，可人生一去，却是永别，人生有太多难
以忘怀的美好，从开始的那一刻起，就是正在消逝死亡。于是，人的每一
刻，都是在经历与过去的生离死别，生的是人，死的是过去。

百岁光阴半归酒，一生事业略存诗。

第六卷：落花流水春归去，一种销魂是李郎

年光往事如流水

江南的风总是比旁地方的要缱绻。

于是连对南唐的思念也总是绵长的，如一盅醉人的酒，将所有闲情逸致都聚拢，选一个春暖花开的日子释放，一两壶清酒，三四点闲愁，痛饮几杯，酩酊大醉一场。

醉人的是满腹相思，也是撩人春色。

风吹过、雨滴落、花飘下，一滴雨就是一片密密麻麻的相思，一阵风就是一场经久不息的心愁。或许是因为南唐的滚滚红尘比其他地方都要浩瀚汹涌，连石板上长出的青苔都沾染着情愁之苦，青苔上凝结的露水也伴随着尘世惆怅。

自在飞花轻似梦，无边丝雨细如愁。

而南唐多得是这说不完的故事，散不尽的忧愁。

说起故事，起承转合都逃不开喜怒哀乐。江南多才子，这些或喜或悲的故事里，似乎总是有才子佳人的点缀，南唐绝世风光，都成了词中的风景，成了词人的妙笔生花。

若说风光是"南唐"这幅画的色彩，那诗词便是它的轮廓。都说"世间无限丹青手，一片伤心画不成。"偏偏到了词人这里，这凡间万物，总有一件能抒发你的哀愁。

一方水土养一方人。温软如玉的南唐，总有着说不尽的婀娜时光、窈窕岁月，它用缤纷落英和潺潺流水，哺育了文人的身骨，滋养了诗词的血肉。

这世间总是有太多的不如意，于是人便把乍见之下的烛火当成光明。

一次慌张的遇见，一个不经意的眼神，一缕擦肩而过的发梢，都会是一个人内心情感被召唤的起因，将眼神与眉梢的各个姿态都渲染上绵绵爱意。星星之火转变成情思暗涌，这个过程很快，汹涌澎湃，思想在刹那冲动的召唤下起伏跌宕，如跌落云端或花海，扑面而来的空气都沁人心脾，管他是否情深缘浅。

火热展开的爱情就像一阵经久不息的季风，带着所有期盼和憧憬席卷而来。可惜再如何经久不息，季风依旧是季风，时光流转，再朦胧的清晨也要云消雾散，然后风过，留痕。

总有一个人是潇洒的，也总有一个人是放不下的。

《柳枝词》
风情渐老见春羞，到处芳魂感旧游。
多谢长条似相识，强垂烟态拂人头。

古代女子，对于异性，总要崇拜或者喜爱些什么，才不负自己满腔说不出口的春心萌动，所以帝王和才子总是免不了与风流二字挂钩。而李煜，恰巧就是帝王才子的结合，他的风流，是个必然。

这首《柳枝词》在《全唐诗》中有记载是李煜"赐宫人庆奴"所作，曾经满目情，如今旧地重游，情已不再，教人黯然魂销。

时光只解催人老，不信多情，长恨离亭，泪滴春衫酒易醒。

在帝王的爱情里，似乎长久二字少之又少，他们的爱情里总掺杂着其他意味。李煜晓得，她们于自己，不是爱情。而是依附，宫女庆奴也好，黄保仪也罢，他们之间并非因为爱情而结合，所以女人们再付出，也不会得到同等的回报。

一时欢好到底还是抵不过恒久的陪伴与长情。李煜心小得只能盛下大小周后，她们对于李煜来说，不仅仅是妻子，还是精神的陪伴，爱情的养分，她们与李煜之间的爱情是相互的。

所以总结下来，李煜的女人们，分为两大类：一类是情投意合、两情相悦的伴侣；而另一类，被李煜划为"其他人"。

只是大概李煜自己也没有想到，在这其中出现了一个女人，她在这两种类型之外，又在这两种类型间游走。

她叫窅娘。

是一个浓眉深目的女人，窅娘这个名字，也是李煜为她所取，她和李煜身边的女人都不一样。

窅娘是个舞娘，她的舞蹈，带着令人遐想的妩媚和来自西域的异域风情，尤擅唐王昌龄的《采莲曲》。

吴姬越艳楚王妃，争弄莲舟水湿衣。

来时浦口花迎入，采罢江头月送归。

荷叶罗裙一色裁，芙蓉向脸两边开。

乱入池中看不见，闻歌始觉有人来。

第一次见到李煜，是在宴会上，那年她十六岁。

什么叫一见倾心？

她大概是懂了。

那个目带重瞳、金贵万千的男人，坐在最上方，嘴角噙着笑意，笑不达眼底，酒一杯接着一杯地喝下，一言不发。

窅娘原本跟着音乐的步伐忽然一下子就乱了。她大惊，无助地看向上方，他朝她笑着扬了扬下巴，示意她别在意，继续跳。

那是他们第一次见面，窅娘不曾想到她会对他如此念念不忘，爱入骨髓。

李煜也不知道她会如此痴情。

自此过后，李煜对窅娘的印象，只停留在了那个宴会上踏错舞点的小姑娘，再多一点的，就是她让人过目不忘的面庞。

而窅娘也并非一般粗俗女子，不久在新的宴会上，窅娘用极高的才情跳出了"步步生莲"的舞蹈。脚下一步一朵莲花，这样精巧新奇的创意，李煜龙心大悦。李煜欣赏这个女子的舞姿，也欣赏她的才情，那一次的

《采莲舞》，一步一步的莲花已经开在了李煜心里，不日便着令工部造了一朵巨型莲花，让窅娘以莲花为舞台在上献舞。

莲中花更好，云里月长新。

这一切的恩宠都来得太快了，让窅娘头晕目眩。

和李煜的欣赏之感不同，她对李煜的爱意来势汹汹，可窅娘是个脱俗的女子，她的性格决定了她不会畏首畏尾地偷偷暗恋，她打听到李煜最爱昭惠周后生前所作的《霓裳羽衣曲》，暗暗记在心中。大概老天眷顾，这一舞，彻底地博得了李煜的全部目光。

不知道是可喜还是可悲。

博得一个男人的目光，却要用他爱人的影子来换取。

谁也说不清楚，窅娘对于李煜来说，是娥皇的影子，还是那个单纯的步步生莲的姑娘。

可能李煜自己也没想明白吧。

窅娘到底是个聪明的女人，《霓裳羽衣曲》她不再跳了，开始潜心钻研舞蹈，一步一动、一颦一笑、行云流水的舞蹈，背后是窅娘昼思夜想的努力，这是她与李煜之间的纽带，她比谁都清楚。

爱情是座桥，它能沟通两个毫无关联的人，不经意地触碰出惊艳的火花。

窅娘的舞蹈一次次地一鸣惊人，博得李煜无数欢心，他开始对窅娘高看一眼。窅娘为了不负恩宠，也为了给自己的爱情搏一条出路，她发明了一种新式舞蹈。

缠足。

将脚趾紧紧缠绕包裹，使之看起来小巧得不堪一握，宛如新月。

如此一来，站立和行动都如同若风扶柳之姿，盈盈一舞犹如踏云仙女，婀娜多姿。

李煜被深深地折服了，如此舞姿，大概娥皇在世也难分高下，他对窅娘的欣赏更甚。

得到了李煜的喜爱，缠足一下子成为一股潮流，无论是民间百姓还是达官贵人，都以缠足的小脚为美，

只是善良的窅娘没想到，自己为爱情与艺术的献身，竟成了后世让女人痛苦不堪的陋习，这不是她的初衷，也绝非她所希望。

每当夜晚窅娘把包裹在脚上的长布一层一层地揭开，疼痛不堪。她却一声不吭，要获得想要的，就要付出相应的代价。窅娘咬咬牙又笑了，只要能得到李煜哪怕一点点的喜欢都得值了。

陷入爱情的女人大概总是不管不顾的。民以食为天，古人以爱为食。

念念不忘终得回响，李煜开始召见窅娘，时常二人独处一室，窅娘翩翩起舞，李煜跟着节拍哼歌，似乎一切都回到了娥皇还在的时候，李煜心中一阵满足。

可惜好景不长，南唐江河日下，北宋的铁蹄踏入金陵，将一片南国风光全部占领。窅娘虽是女子却也有气节，当即欲同其余宫娥一起以死殉国，可当得知李煜被俘即将前往北宋时，她动摇了，什么也没带，孑然一

身也在前往北宋的俘虏队伍中。

北宋的生活并不比南国好过，反而枯燥痛苦，虽然都住在礼贤宅中却不得相见。李煜在这里的生活条件远不如南国，还时常有旧臣张洎等前来"打秋风"，日子过得更加捉襟见肘。

自小荣华富贵环绕在身的李煜从没过过这般苦日子，国亡家散背井离乡更添痛苦，哪里还有心情欣赏什么歌舞。他渐渐忘了窅娘，可是窅娘没有忘记他，她什么都没忘，依旧日日练习舞姿，生怕身体僵硬而无法为李煜献舞。

窅娘的舞姿，的确是天人之姿，甚至后来李煜进宫，赵光义也会宣窅娘进宫跳舞助兴。

跳的依然是那裹了足的舞蹈，优美的舞姿深受赵光义喜爱，皓腕、纤腰、曲臀、娇足，这一切似乎成了当时"美"的代名词，尤其是缠足，如新月般让人想细细把玩。于是北宋的缠足之风，较之当年南唐更甚，成为一种新潮，后有诗云：

一弯新月上莲花，妙舞轻盈散绮霞。
亡国君王新设计，足缠天下女儿家。

不过这些窅娘统统不知道，她依旧一心牵挂着李煜，每逢有李煜参加的宴会，赵光义宣她进宫献舞，她都欣喜若狂，站在舞台之上，她依旧满心装着的都是李煜，眼里看着的都是李煜，一曲跳完，赵光义要赏赐她珍宝时，都被她一脸淡漠地拒绝了。

她这一生只为了李煜而舞，若是收下这些珍宝，就表明这一舞是为了赵宋，这是她所不愿意的。若是李煜未曾在这宴会上，她又怎么肯来？这一身的舞艺，这一身的才情，都只为了他。

哪怕得不到回应。

自从宴会一别，窅娘就再也没有见过李煜。

日复一日，这样的生活让窅娘内心悲痛。陷入爱情后，她似乎也成了俗人，每日会回想，会暗暗揣测，就连国破之日她都没有流这么多的泪水，李煜俨然成了她内心唯一的信仰，南唐说到底并非她的第一故乡，而李煜却是她思想与感情的归途。

相对于窅娘炽热的感情，李煜早已没有了那些花前月下的心情，他的内心被痛苦和伤感包围，他甚至都快忘记那个为他带来惊鸿一舞的窅娘了。

时间有时候会生出幸运，可是这幸运，有时却淬满了恶毒和残酷。

不久，中秋至，李煜被请进宫赴佳宴，窅娘也被宣进宫献舞。

得知自己将要为李煜献舞，窅娘几乎要喜极而泣，那一晚她一遍又一遍地练习他们初见时的舞蹈，甚至将那双机关精巧、步步生莲的鞋子找出来。直到跳累了，她终于坐下来，双手捂着脸一言不发，手放下时，已是满脸的泪痕。

回想着与李煜的点点滴滴，看着天上的月亮，她想，中秋真是个团圆的日子。

天边渐渐泛起鱼肚白，她依旧一动不动，因为她知道，晚上就要见到李煜了。

掐着时间，窅娘被送进宫，她亲手将脸上妆容画好，舞衣也是她在禁苑时亲手所做，只是为与李煜再相见的那一天。

换上那双莲花鞋，窅娘感觉每一步都像是踩天边云朵之上，连呼吸都泛着甜味，不觉脚步轻快不少。登台时，她面带微笑，脚下莲花灿生。

这个台子是搭在湖上的，高高仁立，窅娘上台环顾了一圈，发现并无李煜身影，原本李煜会坐的位置上也不是那魂牵梦萦的身影，宴会座无虚席，她却内心震动，原来都是骗她的，李煜没有进宫，那她的舞又是为了谁呢？

窅娘眼里泛起泪光，期望一下落空，如同被从这高台之上推下去摔得粉碎。她站在台上一动不动，浑身战栗着，耳畔的风和周身的飞蛾，都让她颤抖不安，台下渐渐有了议论之声，她像一尾缺水的鱼，大口大口地呼吸着，然后带着视死如归般决绝的心情开始舞蹈、旋转。

那些过去的、美好的、刻骨铭心的片段，都随着她的舞姿在旋转、发光、然后消散。

一曲终了，窅娘轻喘着气息，沐浴着初秋温软的风，看着这天地擦掉眼泪，向南方那个禁苑的方向，虔诚地跪拜，身后是赵光义气急败坏的骂声，她都不管了。

窅娘拜完，纵身一跃，跳入了冰冷的湖水中。

自此，一位痴情舞娘的一生就这么结束了。

消息传到礼贤宅李煜的耳里时，他久久不能平静，心里为窅娘的忠贞不贰而感动，也为她那纵身一跃而惋惜，他想起了窅娘的步步生莲，也想起了她深邃有神的目光，叹了一口气："我不是你的良人。"

说到底，李煜自己也说不清内心对窅娘究竟是欣赏还是爱意，他没有细想，也不敢深想，怕得到的答案会让窅娘的芳魂更加伤心。

而窅娘，一腔的爱意与热忱，都寄托给了那个晚上的风与月，再后来的百年、千年，都随着它们在历史洪流里发光发亮，那些孤枕难眠的夜晚，那个令人唏嘘的一生，有人为她矢志不渝的感情写下一首诗：

红罗叠间白罗层，檐角河光一曲澄；
碧落今宵难得巧，凌波妙舞月新升。

这样的女子，现实却辜负了她。她想要的，大约是一生一世一双人，白首不离的爱情。她太单纯，遇见李煜那年不过十六岁，便一头扎进爱情里，汹涌之势锐不可当，可惜李煜对她还未有如此深的情感，于是这无所畏惧的爱情，倒是有些像飞蛾扑火。

爱上李煜时，她整个人犹如新生，开始有了无论如何也要好好活着的信仰，他爱她的舞姿，于是她便为之加倍努力，伤害自己也在所不惜。窅娘所做的一切，都不过是为了能得到李煜的爱意和恩宠。

我不知道她跳下舞台时在想些什么，但可以肯定的是，她知道她想要的爱情再也得不到了，无关李煜，而是这个现实给她的绝望。对于窅娘来说，怀着满腔希望却不得见，就是生离。生离比死别更痛苦，死别还有一捧黄土来听她诉说，生离就像将她身上刚刚生出的肋骨生生抽出，那种绝望比死了还难受。从她踏着音乐起舞的那一刻起，心里就像是有什么东西死掉了，麻木、冰冷都包围着她，连约定也被打破，这一切都让窅娘撕心裂肺。

这样月明风清的初秋，就让我的魂魄随风飘到南国，回到那个有他们无数回忆的地方，随风而舞，世世不休。

一种销魂是李郎

小周后，嘉敏。

她在爱情上是幸运的。

较之窅娘，她可以说是得到了李煜百分之百全身心的爱。

她在现实中是不幸的。

在乱世之中坐在李煜身边，就注定了她这一生的风雨飘摇，曾经的爱情有多绚烂，故事的结局就有多悲惨。

三毛说："真正的快乐，不是狂喜，亦不是苦痛，在我很主观的来说，它是细水长流、碧海无痕，在芸芸众生里只做一个普通的人，享受生命一瞬间的喜悦，那么我们即使不死，也在天堂了。"

可李煜与嘉敏的快乐从来都是如海浪翻涌般热烈，站在高台上俯视众生，柴米油盐和云淡风轻的日子总是离他们很远，饮酒作词、寻欢作乐才是他们的主旋律。

　　他们没有什么机会在芸芸众生里做一个普普通通的人，享受生命一瞬间的惊喜，虽然回味悠长却轻易碰不到，所以李煜作为一个锦衣玉食的国主，他更喜欢也更习惯那种奔流如大海片刻不停缓的快乐。"红日已高三丈透，金炉次第添香兽，红锦地衣随步皱。"这样的奢侈和肆意所带来的快乐太多了，更何况一国之主身边总免不了刻意逢迎的人，他的快乐，浮于表面的也好，深入内心的也好，总之在国破之前这样安逸愉快的生活是从来不曾间断过的。

　　可嘉敏不同，古代是夫为妻纲，女人以丈夫为天。和李煜待在一起，嘉敏无时无刻不是快乐的，这种快乐不会随着时间、地点或是身份的转变而消失，所以哪怕沦落于北宋，随从和奴仆减少也无所谓。在嘉敏的眼里，无论在哪，有夫君的地方就是家。

　　面对着早生华发，心绪愁苦的丈夫，她尽心尽力地开解，原本的娇生惯养的千金，放下所有骄矜一心一意为丈夫端茶送水，排遣他的忧愁，变着法地为他逗乐。

　　嘉敏像是一夜之间从女孩变为女人。

　　其实并不是嘉敏不难受，可是她知道，如果两人都沉浸在过去，日子只会更难熬。

　　坐在书房里，李煜也会拥着嘉敏，手指摩挲着嘉敏的鬓发，他看着这个身材娇小却为他忙前忙后的妻子，哪怕是睡觉也会紧锁眉头，但是在面对他时却将心里的苦水咽下去，笑脸相对，他知道此生无以为报。

　　他心疼嘉敏，可自己的心绪都已经无法收拾，如何安慰别人呢？

世上有一种感情，是全身心的依赖。李煜和嘉敏两个人的相处，就是这样相互支撑，一个郁闷悲痛，一个隐忍安慰，煎熬着度过一日又一日。

禁苑里的日子总是不好过，嘉敏却没有觉得有多痛苦，二人有时相顾脉脉不得语，有时把酒言欢、谈天说地，只是对过去和未来绝口不提。

嘉敏知道，这是李煜的心病，是心头的一道口子，此生都结不了痂，触碰不得，连看一眼，都觉得是一次凌迟之苦。

可惜老天就是这样爱捉弄人，屋漏偏逢连夜雨就像是苦难者的标配，当你觉得跌落山谷已经是地狱了，却没想到还会有更深的深渊在张着血盆大口等待着，日子总是不让你好过。

李煜和嘉敏，一点点的风吹草动都能让他们气喘吁吁，可是赵光义并没有因为这样就放过他们。

赵光义开始频繁地宣嘉敏进宫侍宴，紧接着，几日不归，看着嘉敏一回来就扑倒在自己身上痛哭流涕，李煜紧绷的神经断了，他抱着嘉敏一起泪流满面。

那个曾经红着眼睛咬牙忍住眼泪来安慰他的女人，最终还是被他拖累了。

他想。

念及此却别无他法，我为鱼肉，挣扎和反抗只会换来更残酷的教训。

这些道理，嘉敏也都懂，她只是恨自己，没有能力保护好自己和李煜，她曾经那么拼命地用尽全力让李煜开心，如今未见成效就已经功亏一篑，她觉得自己对不起丈夫，她甚至连死的决心都有了。

可是李煜怎么办？

她到底是放心不下丈夫。

站在阁楼上，李煜的背影显得那么单薄和萧条，嘉敏看着不由心痛不已，风一吹，眼窝漫出泪水。

这天，怕是再也晴不了了。

转眼一年又七夕，嘉敏的脸上终于有了生气，这是李煜的生日，她想开心一点，在晚宴上特意多喝了几杯酒，像过去一样和大家言笑晏晏。忽然间，听见外间有婢子来传，李煜中毒了。

婢子哭喊的声音像是一枚炸弹炸在嘉敏的耳边，她推开众人，跌跌撞撞地走到阁楼上，看见李煜抽搐着，周围人声鼎沸，慌张地叫喊着他的名字，李煜并无反应，嘉敏知道，他走了。

"啊！"

嘉敏终于忍不住，哭着喊了出来，声音凄厉地响彻天地间。

那一夜，她抱着丈夫的身体一动不动，谁也不让碰，就这么坐到天亮。

"来世我们还会再见吗？"她喃喃地问着怀抱中冰冷的人，没有人回答，周遭万物静谧无声。

漫天烟火，举杯，独饮。

此刻，她身体里所有的屈辱不甘和痛苦都争先恐后地从眼里漫出来，嘴里却一言不发。

纵使相逢应不识，尘满面，鬓如霜。

嘉敏知道，这世上再也没有什么故国、家和爱人了，独活在世，半生的时光，再也遇不到一个叫"李煜"的人了。

她回想起那一年初见，画堂里的恩爱，那双金缕鞋，还有那个闷热的午后，被他惊醒的那个梦。

那一夜的嘉敏，心里下着鹅毛大雪。

贱妾何聊生！

不日，嘉敏穿着当年与李煜初见时穿得那套衣衫，站在阁楼上，在温暖却刺骨的风里，追随着李煜去了。

《南唐书卷十六　后妃诸王列传第十三》："国亡，后主北迁，封郑国夫人。太平兴国二年后主殂，后悲哀不自胜，亦卒。"

李煜对嘉敏来说，不只是十五岁那年遇见的爱情，还是往后十年、百年、千年、万年的爱人，是她的肋骨，也是她的铠甲。即使南唐的梦已经醒了，她与李煜的爱情却没有随着严冬的到来而冬眠，反而在相濡以沫中将升华为隽永的亲情。

那长江淘不尽的南唐英雄泪、国仇家恨，都随着李煜和嘉敏的离世烟消云散。所有的执念都没有了，这无垠天地间，再也没有南唐这个国家，也没有李煜的风流故事，更没有大小周后的痕迹，他们从此，只在史书的记载里自成风情。

历史对于他们的描写，也总是沾染了千百年的哀愁，似乎能从这些字眼中，看到李煜的瞳孔里还倒映着南唐的宫殿，年复一年，那些有着关于南唐记忆的人们都已经死亡、埋葬、腐烂，可是李煜的饱含哀伤的目光，却依旧深情地凝望着南国的山河星光，死亡只是肉体的消逝，在每一个月朗星疏风清醉人的夜晚，在那一片梧桐树下，依旧会有身穿青衫薄衣的少年站在那里，吟唱着"春花秋月何时了，往事知多少……"

　　所以，先别说再见，我们诗词里再相逢。